LE

LIVRE D'OR

DES

COLLET DE PLOUHARNEL

NOMEN SUPER OMNE NOMEN.

VANNES

IMP. GALLES, RUE DE L'HÔTEL-DE-VILLE

—

1889.

LE LIVRE D'OR

DES

COLLET DE PLOUHARNEL

OU

GÉNÉALOGIE DE LA FAMILLE COLLET DE PLOUHARNEL

ET DES

DIFFÉRENTES BRANCHES QUI EN SONT ISSUES DEPUIS 300 ANS

SUIVIE D'UNE NOTICE SUR PLOUHARNEL

ET D'UN ESSAI DE GÉNÉALOGIE DES COLLET DE CARNAC

PAR

l'abbé Jean-Joachim COLLET

VICAIRE DE PLOEMEL.

VANNES

IMP. GALLES, RUE DE L'HÔTEL-DE-VILLE

—

1889.

LE LIVRE D'OR

COLLET DE PLOUHARNEL

PRÉAMBULE.

Les anciens Bretons n'avaient point de nom héréditaire ; ils n'avaient qu'un nom personnel et unique, comme Gildas, Guérech, Gurval, etc.

Au XIe siècle, les grands seigneurs bretons commencent à ajouter à leur nom personnel celui de leur terre, comme Hamon de Dinan, Alain de Fougères, Dérian d'Elven, etc.

Au XIIe siècle cet usage se généralisa dans la noblesse. Dans le peuple commencent à paraître les surnoms, comme Géoffroy le Breton, Guillaume le Charpentier, Hervé le Rouge, etc.

Mais on trouve encore souvent, surtout dans la partie bretonne, la vieille formule N. fils de N.

Au XIIIe siècle, la révolution est terminée dans la noblesse. Pour le peuple l'emploi d'un nom héréditaire de famille se généralise dans le pays gallo, et entame le pays breton.

Au XIVe. siècle l'adoption d'un nom de famille se généralise parmi le peuple, même dans la partie bretonne du pays. La révolution est terminée.

Les registres paroissiaux de Plouharnel, dont le plus ancien commence à 1594, désignent la famille Collet sous le double nom de Collo et de Collet jusqu'à 1639. A partir de cette époque, ils la désignent toujours sous celui de Collet, qu'on prononce Collette par accentuation. Ces deux noms sont des diminutifs et des abréviations de celui de Nicolas, comme le prouve le tableau suivant :

	Colas, Nicol, Nicolic, Nicolo, Colo, Collo, (masc.) Nicolet, Colet, Collet,	petit Nicolas.
NICOLAS.	(fém.) Nicolette, Colette, Collette,	petite Nicole ou Nicolas.
	Nicolazic, Colazic, Nicolazo, Colazo,	petit Nicolas.

Nicolas, en latin Nicolaüs, vient de deux mots grecs : Νικαω ou Νικω, vaincre, et de λαος, peuple : il signifie vainqueur du peuple ; il est synonyme de triomphateur, de victorieux.

En 1380, sainte Colette Boilet, née à Corbie, en Picardie, reçut à son baptême le surnom de Colette ou Collette, qui signifie petite Nicole, à cause de la dévotion que ses parents avaient pour saint Nicolas. Tout le monde sait que Jean Collet, vicaire de Saint-Pierre de Vannes, administra les derniers sacrements à saint Vincent Ferrier, et fut présent à son décès qui arriva le 5 avril 1419. C'est la première fois, à ma connaissance, que ce nom de Collet apparaît dans l'histoire de Bretagne. Or, comme il était alors très commun et très répandu dans la contrée, il s'ensuit qu'il remonte à une époque bien plus reculée, au XIIIe ou au XIVe siècle au moins, à l'époque où un nom héréditaire de famille se généralisa parmi le peuple.

La famille Collet de Plouharnel est originaire du canton de Quibéron depuis plusieurs siècles, car, au commencement du XVIIe siècle, nous trouvons plusieurs familles de ce nom à Carnac et une seule à Plouharnel, celle dont nous allons esquisser la généalogie. Ce sera une sorte de statistique de naissances, de mariages et de décès de la famille Collet, une série de tables généalogiques disposées un peu à la manière des alignements de menhirs, et rattachées au tronc commun comme les diverses branches d'un arbre gigantesque.

Les registres paroissiaux désignent les parrains et les marraines sous les noms de compères et de commères jusqu'à 1635 : à partir de cette époque ils les nomment comme de nos jours. Nous conserverons ce style historique.

La famille Collet de Plouharnel se divise en 12 branches principales, dont 4 sont éteintes et 8 sont encore vivantes.

1º La branche de Sainte-Barbe, qui remonte à Alexandre Collet, l'aîné des fils de Jean Collet qui était lui-même l'aîné des enfants d'Olivier Collet, compte, de père en fils, 11 générations.

2º La branche éteinte de Ḳgavat compte 8 générations.

3º La branche éteinte du Port-Louis, 8 générations.

4º La branche éteinte de Ḳviler, 9 générations.

5º La branche de Quibéron, 10 générations.

6º La branche de Groix, 11 générations.

7º La branche de la Trinité-Bourgerel, qui remonte à Pierre Collet, le plus jeune des enfants d'Olivier Collet, 9 générations.

8º La branche de Ḳisper-Carnac, 9 générations.

9º La branche de Ḳvégant-le-Pô, 9 générations.

10º La branche de Ḳhuenno, bourg de Carnac-le-Pont-Neuf, 9 générations.

11º La branche de la Trinité-le-Pont-Neuf, 9 générations.

12º La branche éteinte du Lignol-Carnac, 5 générations.

Les générations se comptent dans chaque ligne en y comprenant le tronc commun et la branche particulière.

CHAPITRE Ier

1° BRANCHE DE SAINTE-BARBE.

SECTION 1.

LES PREMIERS COLLET CONNUS DE PLOUHARNEL : 5.

Cette branche a toujours habité Plouharnel, le sol natal, le berceau même de la famille Collet, tandis que toutes les autres l'ont quitté successivement. La branche de Khuenno seule y est rentrée après une absence de 40 ans. De 1604 à 1612 on trouve à Plouharnel 5 personnes adultes ou majeures portant le nom de Collo ou Collet, qui devaient appartenir à une même famille comme frères et sœurs, mais dont on ne connaîtra jamais l'âge exact ni le nom des père et mère, parce que les registres manquent pour ce temps reculé. Ce sont Guillaume Collo, Françoise Collo, Jérôme Collet, Marie Collo et Jeanne Collet.

1° Guillaume Collo a dû naître vers 1580, et se marier à 23 ans à Françoise Sonnic, en 1603.

Voir plus bas, chapitre 1er, section 2, la liste de ses enfants. Comme son fils Jean Collet demeurait au bourg de Plouharnel, il est très probable qu'il y demeurait lui-même. Les registres de cette époque ne citent aucun village. De 1604 à 1710 la famille Collet a eu huit fois des rapports avec les Thomas de Kroc, à l'occasion de baptêmes, de mariages et d'enterrements ; de 1635 à 1648, deux fois avec les Daniélo de Brenantec ; de 1641 à 1663, deux fois avec les Belz de ce même village.

2° Françoise Collo a dû naître vers 1582 et se marier à Michel Le Runigo en 1603, la même année que son frère Guillaume Collo. Quoique ses enfants n'appartiennent pas à la famille Collet, je les citerai néanmoins à titre de document, à cause de l'intérêt historique qu'ils présentent. Michel Le Runigo et Françoise Collo eurent 5 filles : 1° le 13 octobre

1604, baptême de Françoise Le Runigo. Compère et commère François Le Bidau et demoiselle Françoise Le Couriaut. Ont signé : Pierre Josse, curé, Le Bidau, prêtre. — 2º Le 24 décembre 1606, baptême de Moriette Le Runigo. Compère et commère noble homme Mathieu Brient et Germaine Le Runigo. Ont signé : François Gahinet, recteur de Plouharnel et Morice Pérenès. — En 1609, baptême de Jeanne Le Runigo qui se maria vers 1635 à Allain Le Mau, du bourg. Compère et commère noble homme Morice Pérenès, sieur de Kgonan et demoiselle Jeanne Calvé. Ont signé : Le Pendu, Morice Pérenès et missire François Le Pendu. — 4º En 1611, baptême de Marie Le Runigo. Compère et commère missire François Le Pendu et Marie Le Gouar. — 5º Le 26 octobre 1615, baptême de Gilette Le Runigo. Compère et commère François Le Pendu et Marie Le Gouar. Ont signé : Le Bidau, Le Pendu.

3º Jérôme Collet. Son nom se trouve dans l'acte de baptême ci-après : Le 8º jour de mars 1605 fut baptisé en église paroisse de Ploharnel et église de Monsieur Saint-Armel, Hiérome Le Mau, fils légitime de François Le Mau et d'Yvonnette Pany, ses père et mère ; et fut compère noble homme Hiérome Collet, sieur de Taltan et Kmau, et fut commère Jeanne Le Mau. Fait par Pierre Le Bidau, sous-curé. Ont signé : Paterne, Le Couriault, I. Pany, Tuault, Le Portz, H. Collet, Le Bidau, F. Le Pendu, prêtre. — Ce Jérôme Collet ne serait-il pas le père de Guillaume, de Françoise, de Marie Collo et de Jeanne Collet ? Dans ce cas, il a dû naître vers 1550 et se marier vers 1578 : ce qui est très vraisemblable.

4º Marie Collo. Son nom figure comme commère au baptême suivant : Le 21 mars 1612, baptême de Marie Le Rol, fille légitime de Jean Le Rol et d'Olivière Kzerho. Compère et commère noble homme Morice Pérenès, sieur de Kgonan, et Marie Collo. Ont signé : Pierre Le Bidau, sous-curé, Morice Pérenès.

5º Jeanne Collet, qui fut marraine d'Olivier Collet, en 1643.

Remarque : Les familles Collet, Le Runigo, Le Mau, Le Pendu, Le Portz, Le Lamer, Le Bidau, Cohvas, Le Couriault, etc., demeuraient au bourg de Plouharnel.

SECTION II.

Naissances : 6.

MARIAGE

Guillaume **COLLO**
et Françoise **SONNIC.**

Naissance vers 1580.
Mariage vers 1603.

1° Le 25 juillet 1604, baptême de Mathieu Collo. Compères noble homme Mathieu Brient, sieur de Kzivien et Yvon Thomas ; commère noble demoiselle Denise Pérenès, dame de Kharnau.

2° Denise Collet. Si elle appartenait à la famille Collet de Plouharnel, elle a dû naître vers 1605. Elle se maria à Jacques Le Ribler, de Crouconno. Le 21 février 1630, elle eut une fille, Julienne Le Ribler, qui eut pour compère et commère Philippe Le Port et Julienne Cohvas, dudit village. Pierre Le Bidau, sous-curé, fit le baptême. Le 26 octobre 1635, elle fut commère, et Philippe Le Port compère de Denise Le Floch, fille de Jean Le Floch et de Olive Le Port, de Crouconno. Le 17 mars 1636, Jacques Le Ribler et Denise Collet eurent un fils, Philippe Le Ribler, qui eut pour compère et commère Philippe Le Port et Olive Le Port, de Crouconno.

3° Le 24 septembre 1607, baptême de Julien Collo. Compère et commère Yvon Le Logeo et noble demoiselle Julienne Cinier. Missire Michel Brazo fit le baptême. Le 7 août 1639, Julien Collet se maria à Julienne Le Drian, à la chapelle de Saint-Tual au Moustoir-Carnac. Missire Pierre Le Couriault bénit leur mariage. Ils allèrent ensuite demeurer au village du Nignol. Julien Collet, ainsi nommé sur les registres de Carnac, est devenu la souche des Collet du Nignol qui s'éteignit, en 1757, dans la personne de Jacquette Collet, épouse de Laurent Belz. Julien Collet mourut au Nignol le 29 novembre 1661, et son corps fut inhumé le 1er décembre suivant. Il reçut les sacrements de

Pénitence et d'Eucharistie de missire Ambroise Logdo, sacriste, et l'Extrême-Onction des mains de Pierre Maillard, curé de Carnac.

4° Le 6 août 1609, baptême d'Henri Collo. Compère et commère Yvon Thomas et Barbe Danic. Pierre Le Bidau, sous-curé, fit le baptême.

Henri Collo se maria à Henriette Gourhel à Saint-Guenhaël.

Il eut trois filles aux dates suivantes : 1° Le 20 novembre 1636, baptême de Julienne Collo qui eut pour compère et commère Gilles Le Runigo, recteur de Plouharnel, et Julienne Guillevin de Kzivien. Pierre Le Bidau, sous-curé, fit le baptême. 2° Le 13 février 1638, baptême de Jeanne Collo qui eut pour compère ou parrain missire Mathieu Gourhel. Gilles Le Runigo, recteur, fit le baptême. 3° Le 1er avril 1639, baptême de Michelle Collo, qui eut pour compère et commère Jacques Coudon, de Saint-Guenhaël, et Michelle Gourhel, de Glœvenhay. Gilles Le Runigo, recteur, fit le baptême.

5° Catherine Collet. Si elle appartenait à la famille Collet de Plouharnel, elle a dû naître vers 1611. Elle pourrait bien avoir été mariée à Pierre Le Boulh qui fut parrain de Julienne Collet, du bourg, en 1677, et d'Yvonne Calvé, de Crouconno, en 1678.

Le 29 octobre 1678, Pierre Le Boulh et Catherine Collet furent parrain et marraine d'Yvonne Calvé, fille de Guillaume Calvé et de Marie Thomas, de Crouconno. Le 24 mai 1686, Catherine Collet mourut au Hentlis après avoir reçu les sacrements de Pénitence, d'Eucharistie et d'Extrême-Onction, de Jérôme Le Port, recteur de la paroisse. Le lendemain 30, elle fut inhumée dans l'église paroissiale de Saint-Armel.

6° En 1613, baptême de Jean Collet, qui se maria à Julienne Le Bidau au bourg de Plouharnel. Le registre de cette année ne renferme que 15 baptêmes. Une lacune allant du 22 février au 11 juillet a fait perdre son acte de baptême. Toutes les branches de Collet de Plouharnel sont issues de lui, excepté celles de ses frères Henri et Julien Collet. Julienne Le Bidau, sa femme, naquit le 18 avril 1610, d'après son acte de baptême qui est écrit en *latin*. Elle était fille de Mathieu Le Bidau et de Marie Thomas. Elle mourut au bourg, et, le 13 juin 1674, elle fut enterrée dans l'église paroissiale.

SECTION III.

Naissances : 8.

MARIAGE

Jean COLLET
et Julienne LE BIDAU.

Il naquit en 1613.

Il se maria en 1633.

En 1678, il vivait encore, mais non sa femme qui mourut en 1674.

Il demeurait au bourg de Plouharnel où naquirent tous ses enfants.

1º Baptême de Jean Collet qui se maria à Nicolle Le Groëc de Khélegant. S'il appartenait à la famille Collet de Plouharnel, il a dû naître vers 1634. On ne trouve pas son acte de baptême sur les registres. D'ailleurs, il n'a eu d'autre postérité qu'une fille nommée Marguerite, qui naquit le 12 août 1657 à Khélegant. Celle-ci eut pour parrain et marraine Pierre Le Bidau et Marguerite Le Bidau qui était de Kroc.

2º Le 13 février 1635, baptême de François Collet qui fut ordonné prêtre le 8 mars 1659, et qui devint membre de la communauté des prêtres de Carnac. Il alla demeurer au Nignol vers 1670, où il mourut le 30 août 1710.

Il eut pour parrain et marraine François Moisan, vicaire de la paroisse de Quibéron, et Perrine Daniello de Brenantec. Gilles Le Runigo, recteur, fit le baptême.

3º Le 26 novembre 1637, baptême de Marguerite Collet. Parrain et marraine Gilles Le Runigo, recteur, et Marguerite Le Pendu. Pierre Le Bidau, sous-curé, fit le baptême.

Elle se maria à Khellec à Jean Le Bleavec.
Le 23 juin 1667, elle eut une fille, Julienne
Le Bleavec, qui eut pour parrain et marraine
honorable homme Julien Thomas, marchand
de Kroc, et Perrine Guzel. M^rc Le Runigo la
baptisa.

4° Le 30 décembre 1641, baptême de Pierre
Collet. Parrain et marraine Pierre Le Bidau,
sous-curé, et Marie Belz. Gilles Le Runigo fit
le baptême. Pierre Collet se maria à Françoise
Le Bourhis à Khellec. Le 12 janvier 1663, il
eut un fils, Grégoire Collet, qui eut pour
parrain et marraine Grégoire Belz de Brenantec
et Marguerite Collet. Gilles Le Runigo fit le
baptême.

5° Le 2 mai 1643, baptême d'Olivier Collet.
Parrain et marraine Olivier Le Bayon et Jeanne
Collet. M^rc Le Runigo le baptisa.

6° Le 8 février 1646, baptême de Michelle
Collet. Parrain et marraine Mathieu Le Bidau,
prêtre de la communauté de Plouharnel, et
Michelle Le Bourdiec. Pierre Le Bidau, sous-
curé, fit le baptême.

7° Le 8 avril 1648, baptême de Françoise
Collet. Parrain et marraine Mathieu Bernard
et Françoise Daniello de Brenantec. Gilles
Le Runigo fit le baptême.

8° Le 15 mars 1651, baptême de Julienne
Collet. Parrain et marraine honorable homme
Jérôme Le Pendu, sieur du Bahuno, marchand
au bourg, et Julienne Le Port, du bourg.
Missire Mathieu Le Bidau fit le baptême.

Remarque. De 1661 à 1667, il y avait trois
membres de la famille Collet mariés à Khellec;
c'étaient 1° Olivier Collet, marié à Julienne
Gohébel; 2° Pierre Collet, marié à Françoise Le
Bourhis; 3° Marguerite Collet, mariée à Jean Le
Bleavec. De 1691 à 1675, Jean Collet, marié
à Anne Guzelo, y demeurait aussi avant d'aller
se fixer à Kgavat.

SECTION VI.

Naissances : 5.

MARIAGE

Olivier **COLLET**
et Julienne **GOHÉBEL.**

Il naquit au bourg le 2 mai 1643 et se maria en 1660.

Il alla demeurer à Khellec vers 1661, et à Kgouat ou Kgavat en 1695. Le 26 mai 1714, Mre Georges Le Port, recteur de Plouharnel, lui administra les derniers sacrements. Il mourut à Kgavat le 2 juin 1714, âgé de 71 ans. Le lendemain, 3 juin, il fut inhumé dans l'église paroissiale de Saint-Armel, en présence de Jean Collet, Pierre Collet, Étienne Le Groëc et Pierre Le Bayon.

Tous ses enfants naquirent à Khellec, excepté Julienne Collet et Pierre Collet qui naquirent au bourg chez Jean Collet, leur grand-père, qui vivait encore.

1º Le 17 mars 1661, baptême de Jean Collet, né à Khellec. Parrain et marraine Jean Le Bourdiec de Kvire, en Crach, et Jacquette Hurtaut de Klan en Carnac. Gilles Le Runigo fit le baptême. Le 6 février 1691, il se maria à Khellec à Anne Guzelo de Khélegant. Cette femme était fille de Pierre Ezelo ou Guzelo et de Jeanne Le Bail de Khélegant. Elle porte, sur les registres, les noms de Guhel, Guzel, Guzelo et Guzello. Mais, d'après son acte de baptême qui est du 7 novembre 1664, son vrai nom était Ezelo pour Guzelo. Ce Jean Collet est devenu la souche des Collet de Sainte-Barbe, de Kgavat, du Port-Louis, de Kviler, de Quibéron et de Groix.

2º Le 25 septembre 1668, baptême de Perrine Collet, née à Khellec. Parrain et marraine sieur Jérôme Le Port, écolier, et Perrine Le Bidau. Gilles Le Runigo fit le baptême. Vers 1692, elle se maria à Pierre Plémer au Nignol-Carnac.

Leur fils Colomban Plémer, né en 1709, fut ordonné prêtre le 22 septembre 1736. Il devint ensuite curé de Carnac, puis recteur de Plouharnel (1736-1762). Perrine Collet mourut au Nignol, et, le 14 juillet 1736, elle fut inhumée à Carnac.

3º Le 28 juin 1674, baptême de Marie Collet, née à Khellec. Parrain et marraine Jérome Le Bidau et Marie Thomas. Le 28 janvier 1698, elle se maria à Kgavat à François Guzello de Carnac. Elle mourut à Kgavat le 25 février 1698, et, le 26, elle fut inhumée dans l'église paroissiale de Saint-Armel.

4° Le 10 mars 1677, baptême de Julienne Collet, née au bourg. Parrain et marraine Pierre Le Boulh et Julienne Le Bidau.

5° Le 21 novembre 1678, baptême de Pierre Collet, né au bourg. Parrain et marraine Pierre Buhé et Marguerite Collet. Mathieu Le Bidau, sous-curé, fit le baptême. Le 10 février 1699, il se maria à Kgavat à Anne Le Bail de Plouharnel. Il est devenu la souche des différentes branches de Collet de la Trinité-Bourgerel, de Kisper, de Kvégant-le-Pô, de Khuenno, de la Trinité-le-Pont-neuf. En 1705, il alla demeurer à Khellec où il mourut âgé de 65 ans. Il fut enterré le 27 décembre 1743.

1re remarque. On trouve encore sur les registres le nom de Joseph Collet. Le 19 mai 1698, il assiste au nombre des parents, savoir : Olivier Collet, François Le Bayon, et Louis Le Bail de Plouharnel à l'enterrement de Jeanne Le Bideau, du bourg, veuve de Jacques Le Bayon. — Le 28 janvier 1698, il assiste au nombre des parents, savoir : François Le Bayon, Louis Le Bail, René Thomas, au mariage de François Guzello et de Marie Collet de Kgavat. — Le 10 février 1699, il assiste au nombre des parents, savoir : Olivier Collet, François Le Bail, Louis Le Bail, et de plusieurs autres témoins au mariage de Pierre Collet et d'Anne Le Bail de Kgavat. — Le 30 janvier 1714, il assiste au nombre des parents, savoir : Bonaventure Le Bayon, Mathieu Guilloto, Pierre Collet, au mariage d'Olivier Collet et d'Armelle Le Bail. S'il était de Plouharnel, son baptême ne figure pas sur les registres. S'il était de la paroisse, il devait être fils d'Olivier Collet et il a dû naître entre 1661 et 1674. Mais il est probable qu'il était fils de Julien Collet du Nignol-Carnac. Dans ce cas, il naquit en 1658. Ce Joseph du Nignol se maria à Jeanne Le Rouzic vers 1683. Or, le 19 octobre 1701, Jeanne Le Rouzic fut marraine, et Mathieu Buhé, parrain de Jeanne Collet, fille légitime de Jean Collet et d'Anne Guzelo de Ķgavat. Il semble donc probable que ce Joseph qui figure au nombre des parents de la famille Collet de Ķgavat, devait être celui du Nignol qui leur était, en effet, parent.

2ᵉ remarque. — De 1695 à 1705, il y avait trois Collet mariés à Ķgavat. Ce sont : 1º Jean Collet, marié à Anne Guzelo ; 2º Marie Collet, mariée à François Guzelo ; 3º Pierre Collet, marié à Anne Le Bail.

SECTION V.

Naissances : 7.

MARIAGE

Jean COLLET

et Anne GUZELO.

Il naquit à Ķhellec le 17 mars 1661.

Le 6 février 1691, il se maria à Ķhellec en présence de Olivier Collet, son père, Joseph Le Guen, de Jeanne Le Bidau et d'Alain Ruyet, curé de la paroisse. En 1695, il alla demeurer à Ķgouat ou Ķgavat.

Le 20 octobre 1730, il mourut en sa maison de Ķgavat, muni des sacrements de l'Église.

Le lendemain, il fut inhumé au cimetière en présence de Olivier Collet, son fils, Mathieu Le Bidau, Marc Fratel. Missires Brochereul, recteur, et Rieux, curé, avaient fait l'enterrement.

1º Le 10 septembre 1692, baptême d'Alexandre Collet, né à Ķhellec. Parrain et marraine Alexandre Thomas et Jeanne Quellec. En 1712, il se maria à Ķgavat à Marguerite Le Bail de Ķroc, en présence de Jean Collet, son père, Mathieu Le Bail, son beau-père, Le Lamer, recteur, Bonaventure Le Bail et Olivier Collet. En 1713, il alla demeurer à Sainte-Barbe ou Penerbley.

2º Le 12 octobre 1695, baptême de Olivier Collet, né à Ķvagat. Parrain et marraine dom Olivier Le Bayon, sous-diacre, et Marie Collet. Georges Le Lamer, curé, avait fait le baptême. En 1714, il se maria à Ķgavat à Armelle Le Bail de Ķroc, en présence des parents, savoir : Bonaventure Le Bayon, Joseph Collet, Mathieu Guilloto et Pierre Collet. Missire Olivier Le Bayon célébra le mariage. Il devint la souche des Collet de Ķgavat qui s'éteignit à la 8ᵉ génération en 1870, dans la personne de Marie-Françoise Collet, femme d'Ambroise Daniel, marin de Ķidanvel, en Saint-Pierre-Quibéron.

N.

O.────E.

S.

Maison de la famille Collet de Sainte-Barbe.

3º En 1697, baptême d'Armelle Collet, native de Kgavat, qui se maria en 1714 à Paterne Le Bail de Kroc, où elle mourut en 1776.

4º Le 13 mars 1698, baptême de Jeanne Collet, née à Kgavat. Parrain et marraine François Guzelo et Jeanne Le Boulh.

5º Le 19 octobre 1701, baptême de Jeanne Collet, née à Kgavat.

6º Le 1er août 1706, baptême de Marie-Anne Collet, née à Kgavat. Parrain et marraine Pierre Le Port et Anne Le Bail.

7º ...... baptême de Pierre Collet qui mourut à Kgavat en 1727.

Remarque. De 1712 à 1714, il y a eu trois alliances entre les Collet de Kgavat et les Le Bail de Kroc : Marguerite Le Bail, mariée à Alexandre Collet, Armelle Le Bail, mariée à Olivier Collet, Paterne Le Bail, marié à Armelle Collet, étaient tous trois enfants de Mathieu Le Bail et de Jeanne Le Boulh de Kroc.

SECTION VI.

Naissances : 7.

MARIAGE.

Alexandre **COLLET**

et Marguerite **LE BAIL.**

Naissance le 10 septembre 1692, à Khellec.

Mariage le 21 janvier 1712, à Kgouat ou Kgavat.

En 1713 il vint demeurer à Penerbley ou Sainte-Barbe, où il restaura sa maison en 1739.

Le 21 mai 1774, il mourut chez Corneille Collet, son fils,

1º Le 2 mai 1713, baptême de Philippe Collet, né à Kgavat. Parrain et marraine Olivier Collet et Françoise Gouzerh. Missire Olivier Le Bayon fit le baptême. Il se maria à Jeanne Le Bail, et mourut à Penerbley ou Sainte-Barbe, en 1736. Le 29 juillet 1736, il eut un fils nommé Joseph Collet. Jeanne Le Bail, veuve de Philippe Collet, se remaria à Vincent Belz, de Saint-Guennel. — En 1745, Joseph Collet mourut à Saint-Guennel, âgé de 10 ans.

2º Le 14 septembre 1715, baptême de Cor-nély ou Corneille Collet, né à Penerbley, qui

à Sainte-Barbe, muni des Sacrements de l'Église, et fut enterré au cimetière.

Présents au convoi :

Corneille Collet, son fils, Louis Le Ribler, Pierre Kzerho, Pierre Le Rouzic, François Condon, tous de Sainte-Barbe. P. Le Quellec, curé, fit l'enterrement.

se maria à Sainte-Barbe, à Denyse Belz. Celle-ci était fille de Pierre Belz et de Jacquette Le Boulch, de Carnac. Parrain Marc Corvec, marraine Isabelle Le Grouëc. Olivier Le Bayon fit le baptême.

3º Le 12 janvier 1717, baptême de Jean Collet, né à Penerbley. Parrain et marraine Bouilly et Sébastienne Guézel.

Le 11 octobre 1719, baptême d'Anne Collet qui mourut le 24 octobre 1719.

5º Le 20 novembre 1721, baptême de Guenhaël Collet, né à Penerbley. Marraine Jeanne Collet. Le 17 octobre 1747, il se maria à Carnac, à Julienne Le Bagousse, du village de Kviler. Il devint la souche de la famille Collet de Kviler qui a eu trois générations, et qui s'éteignit en 1877 dans la personne de Marie-Louise Collet, laquelle se maria à Kviler, à Mathieu Montfort.

6º Le 20 mai 1725, baptême de Jacques Collet, qui mourut quelques jours après. Parrain et marraine Jacques Le Pendu et Hélène Le Bagousse, de la paroisse.

7º Le 12 février 1727, baptême de Barbe Collet, née à Penerbley. Parrain et marraine Julien Le Bail et Barbe Grouhel. En 1753, elle se maria à Pierre Madec, au Cosquer, où elle mourut le 19 octobre 1795, âgée de 68 ans.

SECTION VII.

NAISSANCES : 10.

MARIAGE.

CORNÉLY ou CORNEILLE
COLLET
et DENYSE **BELZ.**

1º Le 5 septembre 1741, baptême de Jean Collet qui se maria à Marie-Françoise Kzerho. Celle-ci était fille de Pierre Kzerho et de Marie Madec, de Penerbley ou Sainte-Barbe. Parrain et marraine Jean Collet et Barbe Collet. Alexandre Collet était présent.

Le 14 septembre 1715, naissance à Penerbley ou Ste-Barbe.

Le 16 février 1740, mariage.

Le 16 juin 1787, décès à Sainte-Barbe, à l'âge de 72 ans, après avoir reçu les Sacrements de la sainte Église.

Présents au convoi : Jean Collet, son fils, Jean Le Ribler, Louis Grouhel, tous laboureurs de Sainte-Barbe.

2° Le 9 décembre 1743, baptême de Martin Collet, décédé le 14 septembre 1745.

3° Le 27 janvier 1746, baptême d'Olivier Collet qui mourut le 9 juillet 1757. Parrain et marraine Olivier Collet et Hélène Le Pendu.

4° Le 11 octobre 1749, baptême de François-Vincent Collet qui mourut en 1749.

5° Le 3 avril 1751, baptême de Pierre Collet, qui fut parrain de son neveu Pierre Collet, en 1765. Parrain et marraine Alexandre Collet, son grand-père, et Perrine Guzel.

6° Le 23 août 1753, baptême de Vincent Collet, décédé le 3 septembre 1753.

7° En 1754, baptême d'Alexis Collet, maître de chasse-marée, qui se maria, en 1782, à Anne Guégan, au village de Kostin, en Saint-Pierre-Quibéron. Il est devenu la souche des Collet de Quibéron dont les descendants habitent actuellement les villages de Kostin, de Port-d'Orange et de Manémeur.

8° En 1756, Baptême d'Alexandre Collet. Parrain et marraine Pierre Le Bail et Perrine Le Lamer. Il mourut aveugle dans un âge très avancé.

9° Le 8 mars 1755, baptême de Marc Collet qui mourut le 30 mai 1758.

10° Le 13 novembre 1759, baptême de Michelle Collet, qui se maria, en 1782, à Grégoire Le Rouzic, boulanger au bourg de Carnac.

SECTION VIII.

Naissances : 11.

MARIAGE.

Jean **COLLET**

et Marie-Françoise

KERZERHO.

Naissance le 5 septembre 1741, à Penerbley ou Sainte-Barbe.
Mariage le 7 février 1764.
Décès à Sainte-Barbe, le 6 avril 1794, à l'âge de 53 ans. Il reçut les Sacrements avant de mourir.
Présents au convoi :
Jean Curay, Pierre Collet, son fils, etc.

1º Le 26 février 1765, baptême de Pierre Collet, qui se maria à Anne Le Bayon le 29 janvier 1788. Celle-ci était fille de Vincent Le Bayon et de Marie Le Bayon de Kvéno, en Carnac. Parrain et marraine Pierre Collet, son oncle, et Michelle-Thomas de Penerbley. Le Floch, curé, fit le baptême.

2º Le 29 décembre 1767, baptême de François Collet qui mourut trois jours après.

3º Le 1er février 1769, baptême de Brigitte Collet, qui se maria le 6 janvier 1791 à Pierre Grouhel, du Pratezo. Parrain et marraine Corneille Collet et Julienne Simon. Son fils Jean Grouhel, boulanger à Auray, se maria au Cohlior, à une Gégo. Ses trois filles Françoise, Antoinette, Jeanne-Marie, ainsi que leur tante, Marie Grouhel, moururent à Auray.

4º En 1771, baptême de Jean-Marie Collet, qui se maria à Hélène Le Port, de Kvégant, en Carnac, d'où il alla demeurer au village de la Grande-Métairie, dans la même paroisse. Il eut deux filles : 1º Marie-Noël Collet qui naquit à Kvégant le 28 août 1793 ; 2º Marie-Joseph Collet qui naquit à la Grande-Métairie le 26 décembre 1797. Capitaine de chasse-marée employé au service de la République, il fit naufrage en 1800, et se perdit corps et biens à l'entrée de la Loire, en face du Croisic.

5º Le 14 août 1774, baptême de Guillaume Collet, matelot, qui se maria le 15 mai 1800 à Ursule-Victoire Beven, de Port-Lay, en l'île de Groix. Il est devenu la souche de la famille Collet de Groix, dont les derniers descendants qui sont à la troisième génération, habitent le

bourg. Parrain Pierre Belz, marraine Guillemette Le Grouëc, de Sainte-Barbe.

6° Le 6 mai 1777, baptême de François
Collet, qui mourut âgé de 23 ans, le 1er décembre 1800.

7° et 8° Le 3 février 1780, baptême des deux
jumeaux Pierre-Marie Collet et Marie-Françoise
Collet qui moururent et furent inhumés le
14 février 1780, par J.-F. Le Beller, curé de
de la paroisse.

9° Le 6 janvier 1782, baptême de Marie-
Vincente Collet qui se maria à Sainte-Barbe,
à Jacques Bellégo, et qui mourut à 69 ans, le
27 août 1850. Elle eut quatre enfants : Perrine,
Marie-Joseph, Pierre et Marie Bellégo.

10° et 11° Le 24 mars 1785, baptême de deux
jumeaux Perrine Collet et Louis Collet. Celui-ci
mourut et fut enterré le 28 mars 1785.

SECTION IX.

NAISSANCES : 8.

MARIAGE

PIERRE **COLLET**
et ANNE **LE BAYON.**

Le 26 février 1765, bap-
tême à Sainte-Barbe.
Le 29 janvier 1788, ma-
riage.
Le 4 avril 1806, décès à
Sainte-Barbe, à l'âge de
41 ans.
Il reçut les sacrements de
l'Église.

1° En 1788, baptême de Pierre Collet qui
mourut 2 jours après.

2° En 1790, baptême et décès de Jean-
François Collet.

3° Le 14 août 1791, décès de Perrine
Collet qui naquit en 1791.

4° En 1791, baptême et décès le
14 février 1791 de Marie-Jeanne Collet. } Ju-melles.

5° Le 7 août 1794, baptême de Marie-
Françoise Collet qui mourut la même année.

6° Le 15 juin 1795, baptême de Jean-Marie
Collet qui se maria en 1819 à Guillemette
David. Celle-ci était fille de Joseph David et
de Anne Fer de Saint-Laurent, en Plœmel. —

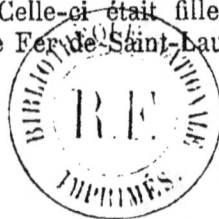

Parrain et marraine François Belz et Jeanne Close Le Lamer, de Sainte-Barbe.

7° Le 16 juillet 1798, baptême d'Anne Collet qui mourut et fut enterrée le 28 août 1800.

8° Le 25 février 1803, baptême d'Antoine Collet qui fut ordonné prêtre le 15 mars 1834, et qui devint successivement vicaire de Plaudren et de Melrand où il mourut en décembre 1848. Parrain et marraine Antoine Grouhel et Marie-Vincente Collet, sa tante, les deux de Sainte-Barbe.

SECTION X.

NAISSANCES : 6.

MARIAGE

JEAN-MARIE COLLET

et GUILLEMETTE DAVID.

Le 16 juin 1795, baptême ou naissance à Sainte-Barbe.

Mariage le 16 février 1819.

Décès le 11 à Sainte-Barbe et enterrement le 13 mai 1872, à 77 ans. Il reçut les sacrements de la sainte Église.

Ont assisté au convoi : ses deux fils et ses deux filles, le recteur et le vicaire de Plouharnel, etc.

1° Le 11 décembre 1820, baptême de Agnès Collet qui fut inhumée le 9 septembre 1824. Parrain et marraine Antoine Collet et Marie-Agnès David.

2° Le 15 août 1822, baptême de Marie-Antoine Collet qui mourut à Plœmel le 5 mars 1888, âgée de 65 ans, et fut inhumée à Plouharnel. Parrain Antoine Belz et Jeanne Alléos.

3° Le 21 août 1825, baptême de Marie-Ange Collet. Parrain et marraine Jean-Marie Bourhis et Marie-Vincente Le Rouzic.

4° Le 21 avril 1828, baptême de Pierre-Marie Collet qui mourut la même année. Parrain et marraine Pierre-Marie David et Marie-Perrine Bellégo.

5° Le 6 janvier 1832, baptême de Jacques Collet, né à deux heures du matin, qui se maria le 1er mars 1859 à Marguerite Guyonvarh. Celle-ci était fille de Joseph Guyonvarh et de Françoise Le Plaire. Parrain et marraine Jacques Le Grouif et Michelle Belz de Sainte-Barbe.

6º Le 7 mars 1835, baptême de Jean-Joachim Collet qui eut pour parrain et marraine Jean-Joachim Le Bagousse et Marie-Joseph Bellégo. Ordonné prêtre le 25 mai 1861, dans la chapelle du Grand-Séminaire, il devint tour à tour vicaire de Riantec, Grandchamp, Saint-Pierre-Quibéron, Saint-Aignan et de Plœmel, où il se trouve depuis 1870. Il est l'auteur de l'histoire de Plœmel et de la généalogie de la famille Collet de Plouharnel, et des différentes branches qui en sont issues depuis 300 ans.

SECTION XI.

Naissances : 9.

1º Le 18 janvier 1860, baptême de Jean-Joachim Collet, né à quatre heures du soir. Parrain et marraine ont été Jean-Joachim Collet, son oncle, alors abbé au Séminaire, et Marie-Anne Guyonvarh.

2º Le 31 mars 1862, baptême d'Antoine Collet, né le 30, à six heures du soir. Parrain et marraine Vincent Guyonvarh et Marie-Antoine Collet.

3º Le 23 août 1864, baptême de Marie-Ange Collet. Parrain et marraine Joseph Guyonvarh et Marie-Ange Collet. Le 16 février 1886, elle se maria à Jean-Marie Le Bras au Guernehué, en Plouharnel.

4º Le 28 novembre 1867, Baptême de Marie-Victoire Collet qui fut inhumée le 3 janvier 1868. Parrain et marraine Pierre-Marie Belz et Anastasie Guyonvarh.

5º Le 31 juillet 1869, baptême de Marie-Germaine Collet. Parrain et marraine René-Marie Hervé et Marie-Adélaïde Belz.

6º Le 12 août 1872, baptême de Jean-Marie Collet, né le 11, à neuf heures du matin.

MARIAGE

Jacques COLLET

et Marguerite

GUYONVARH.

Naissance le 6 janvier 1832 à Sainte-Barbe.

Mariage le 1er mars 1859 à Sainte-Barbe.

Décès le 24 juillet 1887 à Sainte-Barbe, à 55 ans.

Il reçut les derniers sacrements des mains de M. Bissonet, vicaire de la paroisse.

Le 26 juillet 1887, il fut inhumé au cimetière de Plouharnel qui est près de la route d'Auray.

Ont assisté au convoi : sa femme et tous ses enfants, son frère Jean-Joachim Collet, vicaire de Plœmel, sa sœur Marie-Ange Collet, le recteur et le vicaire de Plouharnel et M. Guégan, recteur de Plœmel, etc.

Parrain et marraine Jean-Joachim Collet et
Marie-Anne Le Bayon.

7º et 8º Le 27 novembre 1875, baptême de
deux jumeaux, Joseph-Marie Collet qui eut
pour parrain et marraine Joseph-Marie Ardeven
et Marie-Joseph Ezano, et François Collet qui
eut pour parrain et marraine Antoine Collet et
Françoise Guyonvarh. Ce dernier mourut à
neuf ans et fut inhumé le 5 janvier 1884.

9º Le 26 février 1880, baptême de Ange-
Marie-Antoine Collet, né le 25, à six heures
du soir. Parrain et marraine Antoine-Marie
Le Bagousse et Marie-Ange Caradec.

La branche de Sainte-Barbe a demeuré successivement au bourg de Plouharnel, à Khellec,
à Kgavat et à Sainte-Barbe. Elle a toujours été
adonnée à l'agriculture.

Remarque. — Toutes les branches de la
famille Collet de Plouharnel ont toujours fait
profession de la *Foi catholique*, qui est la religion
traditionnelle des Bretons.

ÉPITAPHE DU CIMETIÈRE DE PLOUHARNEL.

Ici gisent les corps de Jean-Marie Collet,
décédé le 11 mai 1872, à l'âge de 77 ans, et de
Jacques Collet, son fils, décédé le 24 juillet
1887, à l'âge de 55 ans : tous les deux de
Sainte-Barbe, pères de famille et très bons
chrétiens. Prions pour le repos de leurs âmes
et ne les oublions pas.

Au revoir un jour.

De Profundis!

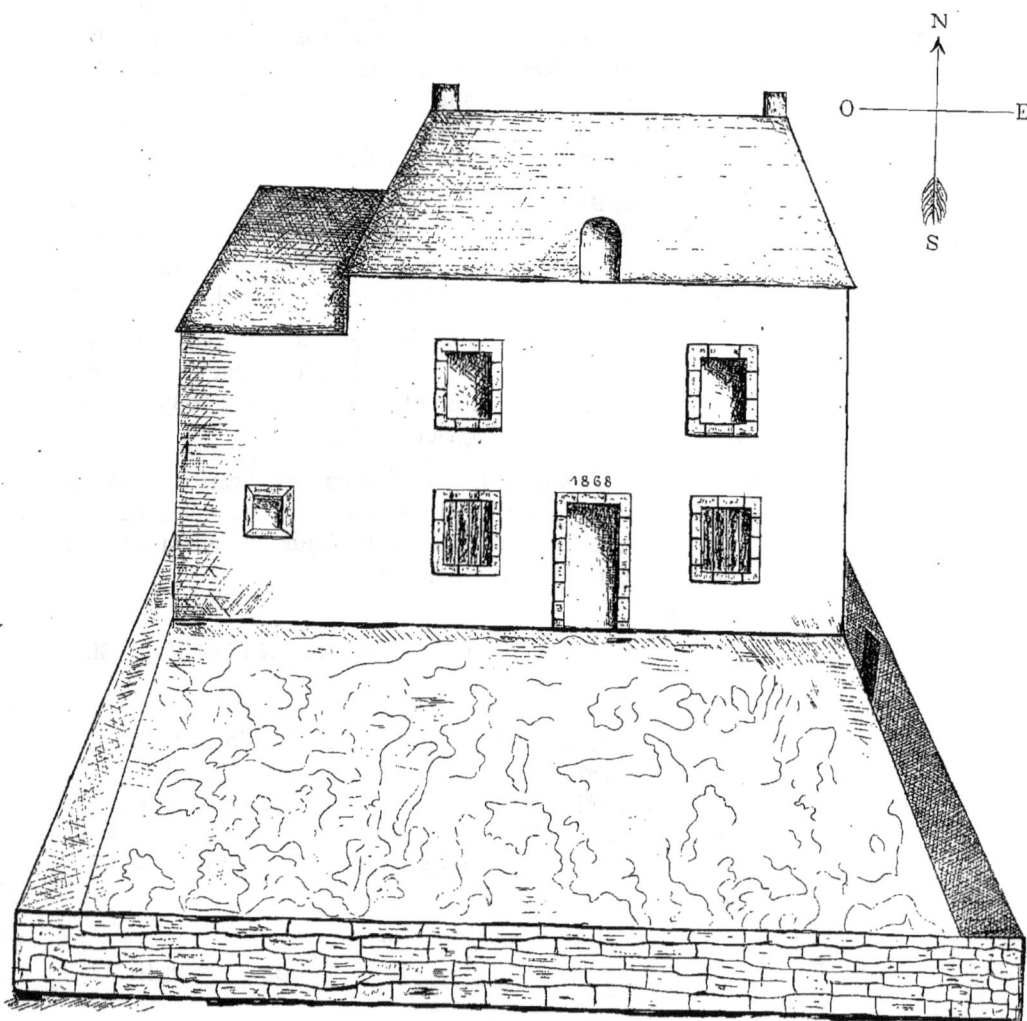

Maison et jardin de l'abbé Collet et de sa sœur à Sainte-Barbe.

CHAPITRE II.

2° BRANCHE DE KERGAVAT (1)
3° BRANCHE DU PORT-LOUIS. (2)

SECTION I.

NAISSANCES : 9.

MARIAGE.

OLIVIER **COLLET**

et ARMELLE **LE BAIL.**

Naissance à Kgouat ou Kgavat, le 12 octobre 1695.

Mariage à Kgavat en 1714.

Décès à Kgavat.

1° En 1715, baptême de Isabelle Collet, de Kgavat.

2° En 1716, baptême de Paterne Collet, de Kgavat.

3° En ...., baptême de Armelle Collet, décédée à Kgavat, en 1718.

4° En 1720, baptême de Marie Collet, décédée âgée de 8 mois, à Kgavat.

5° En 1722, baptême de Marie Collet, de Kgavat.

6° En 1726, baptême et décès de Hélène Collet, de Kgavat.

7° En 1727, baptême de Jean Collet.

8° En 1735, baptême de François Collet qui se maria à Sébastienne Le Gloahec.

Il alla demeurer à Kguillé, en Carnac, vers 1755, et au Port-Louis, en 1788, où il exerça la profession de boulanger, et où il mourut le 1er mai 1791, âgé de 55 ans. Pendant son

---

(1) Voir *la branche* de Sainte-Barbe, chapitre Ier, section 5, n° 2. — Ce renvoi et les suivants ont pour but de rattacher chaque branche particulière à la souche dont elle provient.

(2) Voir au présent chapitre, section 1, n° 8.

séjour à Carnac, il eut deux fils : 1° Pierre Collet, qui y mourut deux jours après, le 11 février 1755 ; 2° Jean-Marie Collet, né en 1760, qui se maria au Port-Louis, à Catherine Plévert, où il exerça la profession de boulanger, et où il mourut le 14 février 1830, âgé de 70 ans. Celui-ci eut deux enfants qui naquirent au Port-Louis : 1° Jean-Jacques Collet, étudiant au collège de Vannes, décédé au Port-Louis le 10 juin 1809, âgé de près de 21 ans ; 2° Marie-Louise Collet, ancienne factrice des postes au Port-Louis, où elle mourut le 11 septembre 1862, âgée de 76 ans. Cette demoiselle est la dernière de la branche du Port-Louis qui est complètement éteinte. — Cette branche a demeuré au bourg de Plouharnel, à Khellec, à Kgavat, à Kguillé, au Port-Louis.

9° En 1738, baptême de Pierre Collet, marin, qui se maria à Anne ou Armelle Le Quellec, en 1770, et qui alla demeurer à Kgonan. Il eut trois enfants qui naquirent et moururent à Kgonan : 1° en 1771, baptême et décès de Pierre Collet ; 2° en 1772, baptême d'Yvonne Collet qui mourut en 1786, âgée de 14 ans ; 3° en 1774, baptême et décès de Louise Collet.

SECTION II.

Naissances : 8.

MARIAGE.

Jean **COLLET**
et
Guillemette **TANGUY.**

(Celle-ci était de Carnac.)
Naissance à Kgavat en 1727.
Mariage à Kgavat en 1746.
Décès à Kgavat, en 1788, à 61 ans.

1° En 1649, baptême, et en 1766, décès de Marie Collet, de Kgavat.

2° En 1752, baptême de Marie-Anne Collet, qui se maria en 1774 à Vincent Thomas.

3° En 1753, baptême et décès de Jean Collet.

4° En 1755, baptême de Barbe Collet, qui se maria à 22 ans, en 1777, à Bonaventure Le Rouzic, boulanger au bourg de Plouharnel, et qui se remaria en 1784 à Étienne Luco. Elle mourut à Kgavat, en 1784, âgée de 29 ans.

5° En 1757, baptême de Marie-Joseph Collet qui mourut en 1761.

6° En 1760, baptême de Jules-Joseph Collet, qui se maria en 1791 à Marie-Jeanne Le Goff.

7° En 1763, baptême d'Anne Collet, qui se maria en 1788 à François Coriton, de Carnac, et qui mourut à Kgavat, en 1833, âgée de 70 ans.

8° En 1766, baptême et décès de Marie-Françoise Collet.

SECTION III.

NAISSANCES : 5.

MARIAGE.

JULES-JOSEPH **COLLET**
et
MARIE-JEANNE **LE GOFF.**

Naissance à Kgavat en 1760.
Mariage à Kgavat en 1791.
Le 21 janvier 1803, décès à Kgavat, à 43 ans.

1° En 1792, baptême de Marie-Françoise Collet, qui se maria à Kidanvel, en Saint-Pierre-Quibéron, à Ambroise Daniel, et qui y mourut le 16 août et fut enterrée le 17 août 1870, âgée de 78 ans. La famille Collet de Kgavat s'éteignit en elle après 8 générations, y compris la souche commune.

2° Le 15 août 1794, baptême de Laurette Collet, de Kgavat.

3° Le 13 mars 1797, baptême de Marie-Jeanne Collet, décédée huit jours après à Kgavat.

4° Le 19 mars 1798, baptême de Lucas Collet, de Kgavat.

5° Le 3 février 1801, baptême de Guenhaël Collet, de Kgavat.

La branche de Kgavat a demeuré successivement au bourg de Plouharnel, à Khellec et à Kgavat.

CHAPITRE III

4° BRANCHE DE KERVILER,
en breton KERVILOR (1).

SECTION I.

NAISSANCES : 2.

MARIAGE.

GUENNEL ou GUENHAEL
COLLET et JULIENNE
LE BAGOUSSE.

Naissance à Sainte-Barbe
le 20 novembre 1721. —
Mariage à Ḳviler, en Carnac,
le 17 octobre 1747.

1° En 1749, baptême de Marie Collet, née à Ḳviler.

2° .... Yves Collet qui se maria, à Ḳviler, à Mathurine Le Goff, vers 1779.

SECTION II.

NAISSANCES : 5.

MARIAGE.

YVES **COLLET**

et MATHURINE **LE GOFF**
à Ḳviler.

1° Vers 1780, baptême de Julien-Marie Collet.

2° Vers 1782, baptême de Jean-Marie Collet qui se maria en 1803, à Ḳviler, à Marie-Anne Bernard.

3° Le 1er janvier 1790, baptême de Colomban Collet.

4° En 1793, baptême de Honoré Collet.

5° En 1794, baptême de Anne Collet.

(1) Voir la branche de Sainte-Barbe, chapitre I, section 6, N° 5.

SECTION III.

NAISSANCES : 4.

MARIAGE.

JEAN-MARIE **COLLET**
et
MARIE-ANNE **BERNARD**
à Ķviler, laboureurs.

1º En 1803, baptême de Marie-Louise Collet qui se maria, à Ķviler, à Məthieu Monfort, et qui y mourut le 29 novembre 1877 âgée de 74 ans. La famille Collet de Ķviler s'éteignit en elle à la 9e génération, la souche commune comprise.

2º En 1804, baptême de Jean-Marie Collet.

3º En 1807, baptême de Mathurin Collet. Ordonné prêtre en 1834, il devint curé et chanoine honoraire de Sarzeau, où il mourut en 1877.

4º En 1809, baptême de Jeanne-Marie Collet qui se maria en 1840 à François Dréano, cultivateur à Ķgal en Camors. Ils eurent deux fils prêtres, M. l'abbé Jean-Marie Dréano, décédé vicaire de Quibéron le 10 novembre 1867, et M. l'abbé Pierre-Marie Dréano, le vicaire actuel de Saint-Barthélemy. Jeanne-Marie Collet mourut à Ķgal, le 5 septembre 1880, à 71 ans.

La branche de Ķviler a habité le bourg de Plouharnel, Ķhellec, Ķgavat, Sainte-Barbe et Ķviler.

CHAPITRE IV.

5° BRANCHE DE QUIBÉRON (1).

SECTION I.

NAISSANCES : 3.

MARIAGE.

ALEXIS **COLLET**
et MARIE-ANNE **GUÉGAN**
à Kostin, en Saint-Pierre-
Quibéron.

Naissance à Sainte-Barbe,
en Plouharnel, en 1754.

Mariage à Kostin en 1782,
à 27 ans.

Il était maître au petit cabotage.

Sa femme mourut à Kostin,
le 19 décembre 1846, âgée
de 84 ans.

1° En 1783, baptême de Jeanne-Louise Collet,
née à Kostin, où elle se maria à Alexis-Marie
Ostin. Elle y mourut le 4 décembre 1859, âgée
de 76 ans.

2° Le 12 décembre 1786, baptême de Jean-
Baptiste Collet, maître au cabotage, né à Kostin,
où il se maria à Françoise Grouhel, du Pratezo,
en Plouharnel. Il mourut à Kostin, et, le 16 février 1872, il fut enterré au cimetière de Saint-
Pierre. Il eut quatre enfants, dont trois filles
et un garçon. 1° Vers 1833, baptême de Fer-
dinand-Jean-Baptiste Collet qui mourut à Kostin
et qui fut enterré le 29 août 1848, âgé de
15 ans. 2° Vers 1840, baptême de Clémentine
Collet qui se maria le 2 juin 1858 à Louis-
Hippolyte Le Toullec. Elle mourut à Kostin et
fut enterrée à Saint-Pierre le 15 décembre 1885,
âgée de 45 ans. 3° Le 27 mai 1868, mariage
de Marie-Céleste Collet avec Toussaint-Marie
Guégan. 4° Vers 1832, baptême de Marie-Lucie
Collet qui se maria le 12 mars 1852 à Vincent
Guégan.

3° En 1790, baptême de Toussaint Collet qui
se maria à Port d'Orange, au bourg de Saint-
Pierre, à Perrine Le Senne.

---

(1) Voir la branche de Sainte-Barbe, chapitre I, section 7, N° 7.

SECTION II.

Naissances : 3.

MARIAGE.

Toussaint **COLLET**
et Perrine **LE SENNE.**

Naissance à Kostin en 1790.
Mariage au Port-d'Orange,
au bourg de Saint-Pierre-
Quibéron.

1º Vers 1824, baptême d'Alexis Collet, capitaine de cabotage, qui se maria au Manémeur
à Mélanie Moisan. Il eut cinq filles, dont trois
ont survécu ; ce sont : 1º Célestine Collet ;
2º Félicité Collet qui se maria à Quibéron à
M. Proutier ; 3º Alexine Collet.

2º Vers 1828, baptême de Jeanne-Lucie Collet
qui fut marraine en 1848.

3º Vers 1832, baptême de Benoît-Célestin
Collet, matelot, qui se maria vers 1859 à Fran-
çoise-Catherine Abgral, de Landerneau, au
Port d'Orange, en Saint-Pierre-Quibéron.

SECTION III.

Naissances : 5.

MARIAGE.

Benoît-Célestin
COLLET, matelot,
et Françoise - Catherine
ABGRAL, au Port-d'O-
range, en Saint-Pierre-
Quibéron.

1º Le 10 septembre 1859, baptême de Benoît-
Célestin Collet, matelot.

2º Le 19 mars 1861, baptême de Lucie-Marie
Collet qui mourut quelque temps après.

3º Le 8 mars 1863, baptême de Alise-Marie-
Séraphine Collet qui demeure avec sa mère au
Port d'Orange.

4º Vers 1860 ou 61, baptême de Julie-Marie-
Mélanie Collet qui fut inhumée le 26 décembre
1864, âgée de quatre ans.

5º Le 9 octobre 1865, baptême d'Alexis-Marie
Collet, matelot, décédé en mer dans la baie
de Quibéron, en face de la pointe de Saint-
Colomban, en Carnac. Il mourut le 31 mars
1885, et, le 25 avril suivant, il fut enterré à
Saint-Pierre.

La branche de Quibéron a demeuré successivement au bourg de Plouharnel, à Khellec,
à Kgavat, à Sainte-Barbe, à Kostin et à Port
d'Orange, en Saint-Pierre-Quibéron.

CHAPITRE V.

6° BRANCHE DE GROIX (1).

SECTION I.

NAISSANCES : 1.

MARIAGE.

GUILLAUME **COLLET**

et

URSULE-VICTOIRE **BEVEN.**

Il naquit à Sainte-Barbe, en Plouharnel, le 14 août 1774. Il eut pour parrain et marraine Pierre Belz et Guillemette Le Grouëc dudit village. Pierre Quellec, curé de la paroisse, fit le baptême.

Il était marin de profession. En 1800 il se maria à Ursule Victoire Beven dans la chapelle de Saint-Simon à Lorient. Son mariage avait été publié à la mairie de Plouharnel le 15 mai 1800. Il mourut au bourg de Groix le 27 septembre 1846, âgé de 72 ans. Sa femme était fille de Gildas Beven et de Catherine Evéno de Port-Lay à Groix.

1° En 1802, baptême de Joseph-Marie Collet qui se maria le 30 août 1825 à Marie-Joseph Tromeleuc, au bourg de Groix. Il y mourut le 15 janvier 1865 âgé de 63 ans ; Marie-Joseph Tromeleuc, sa femme, y mourut le 12 mai 1879, âgée de 75 ans.

SECTION II.

NAISSANCES : 12.

1° Le 29 juillet 1826, baptême de Joseph-Marie Collet qui fut ordonné prêtre en 1850. Il devint successivement vicaire de Riantec, recteur de Gavre et, depuis 1870, recteur de Riantec. Il est chanoine honoraire de la Guadeloupe.

MARIAGE.

JOSEPH-MARIE **COLLET**

et MARIE-JOSEPH

TROMELEUC,

au bourg de Groix.

Il naquit à Groix en 1802,

(1) Voir la branche de Sainte-Barbe, chapitre I, section 8, N° 5.

où il se maria le 30 août 1825, à l'âge de 23 ans.

Il y mourut le 15 janvier 1875, âgé de 63 ans.

2° Le 21 novembre 1825, baptême de Tudy-Jean-Pierre qui se maria le 17 septembre 1858 à Marie-Madeleine Doussal de Kyado, en Plœmeur, où il mourut le 9 octobre 1870. Six enfants sont issus de ce mariage : 1° le 25 octobre 1861, baptême de Victor-Jean Collet qui mourut le 19 décembre 1863 ; 2° le 17 février 1863, baptême de Marie-Louise-Aurélie Collet qui se maria, à Kyado, à Louis-Marie-Joseph Fichau, employé des droits réunis ; 3° le 2 avril 1865, baptême de Désiré-Jean-Marie Collet, décédé le 3 septembre 1865 ; 4° le 1er septembre 1866, baptême de Marie-Anne Collet, décédée le 26 février 1869 ; 5° le 10 juin 1868, baptême de Marie-Sidonie-Philomène Collet, décédée le 24 janvier 1869 ; 6° le 21 mars 1871, baptême de Jean-Pierre-Victor Collet, décédé le 19 août 1871.

3° Marie-Anne Collet, née le 7 février 1829 et décédée le 15 juillet 1883.

4° Le 5 juin 1830, anonyme.

5° Le 26 juin 1831, baptême de Jean-Marie Collet, charpentier au port de Lorient, qui se maria, à Riantec, à Françoise Théoden, de Locmiquélic. Il eut trois enfants de ce 1er mariage : 1° en juillet 1863, baptême de Joseph-Marie Collet ordonné prêtre le 24 décembre 1887 et vicaire actuel de Sarzeau ; 2° Marie-Anne morte à 18 ou 20 mois ; 3° en 1865, baptême d'Aurélie Collet.

En 1866 Jean-Marie Collet se remaria à Françoise Olichon, à Lorient.

6° Le 23 août 1833, baptême de Marie-Sainte-Aurélie Collet, décédée le 8 février 1877.

7° Le 18 octobre 1835, baptême de Victor-Laurent-Marie-Ange Collet, décédé vers l'âge de 4 ans.

8º Le 27 janvier 1838, baptême de Jean-François-Antoine Collet, décédé à Gourin en 1851, le 24 juillet (1).

9º Le 4 septembre 1839, baptême de Marie-Rosalie Collet, décédée le 24 avril 1840.

10º Le 23 avril 1840, naissance de Laurent-Marie qui mourut le même jour.

11º Le 25 juillet 1841, baptême de Laurent-Marie Collet qui se maria, le 4 septembre 1866, à Marie-Anne Guillaume, au bourg de Groix.

12º Le 4 octobre 1844, baptême de Marie-Rosalie Collet qui se maria à Groix, le 13 juin 1865, à Mathieu Jégo. Elle est décédée le 19 novembre 1874.

SECTION III.

NAISSANCES : 10.

MARIAGE.

LAURENT-MARIE **COLLET** matelot, et MARIE-ANNE **GUILLAUME,** au bourg de Groix.

Naissance à Groix le 25 juillet 184 .

Mariage à Groix le 4 septembre 1866.

1º et 2º Le 21 juillet 1867, baptême des deux jumelles Marie-Joseph Collet décédée le 26 décembre 1868, et Aurélie Collet.

3º Le 28 janvier 1869, baptême de Marie-Anne Collet.

4º Le 9 mars 1871, baptême de Laurent Collet.

5º Le 3 février 1873, baptême de Marie-Madeleine Collet.

6º Le 19 août 1874, baptême de Marie-Joseph Collet.

---

(1) Épitaphe du cimetière de Gourin :

Hic jacet Antonius COLLET in insulâ Groix natus, ad æternam vitam, sanctæ Mariæ alumnorum primitiæ, manu Dei raptus, die 24ª julii 1851. Miseremini mei quoniam manus Domini tetigit me. C. A. frater, condiscipuli et magistri, in lacrymis erexerunt. Sit in memoriâ pietatis et obedientiæ. — *Souvenir de voyage de l'abbé Collet, de Plœmel, au cimetière de Gourin, le lundi 26 mars 1856.*

7º Le 16 juin 1876, baptême de Marie-Rosalie-Hyacinthe Collet.

8º Le 25 mai 1878, baptême de Jean-Pierre-Vincent Collet, décédé en 1886.

9º Le 26 février 1881, baptême de Anne-Marie Collet.

10º Le 19 juin 1883, baptême de Antoine-Joseph-Marie Collet.

La branche de Groix a demeuré successivement au bourg de Plouharnel, à Khellec, à Kgavat, à Sainte-Barbe et au bourg de Groix.

CHAPITRE VI.

7° BRANCHE DE LA TRINITÉ-BOUR-GEREL. (1).

8° BRANCHE DE KERISPER-CARNAC-AURAY. (2).

SECTION I.

NAISSANCES : 9.

MARIAGE.

PIERRE **COLLET**
et ANNE **LE BAIL**

Le 21 novembre 1678,
naissance et baptême au bourg
de Plouharnel.

Le 10 février 1699, mariage
à Ķgouat ou Ķgavat où il
demeura jusqu'en 1705. Il
alla ensuite demeurer à
Ķhellec, où il mourut le 27
décembre 1743, âgé de 65 ans.
M. Brochereul lui admi-
nistra les derniers sacrements.

Présents au convoi :

Pierre Collet, son fils,
Joseph Tanguy, Jean Tanguy,
Pierre Le Bail de Ķroc, Paul
Calvé, ses quatre gendres, et
Pierre Thomas de Ķhellec.

1° Les 3 et 4 décembre 1701, ondoiement et baptême de François Collet, né à Ķgavat. Il eut pour parrain François Guzelo.

2° En 1703, baptême de Mathieu Collet, né et décédé cette même année à Ķgavat. Parrain et marraine Mathieu Le Bail, de Plouharnel, et Jeanne Michel.

3° Le 14 mars 1704, baptême de Perrine Collet, née à Ķgavat. Parrain et marraine Guillaume Danic et Perrine Le Lorec, de Plouharnel.

4° Le 19 juillet 1706, baptême de Marie Collet, née à Ķhellec, qui se maria, à Carnac, à Joseph Tanguy.

5° Le 23 octobre 1709, baptême de Jean Collet, né à Ķhellec. Parrain et marraine Jean Collet et Hélène Le Bail, de Plouharnel.

6° Le 13 février 1711, baptême d'Isabelle Collet, née à Ķhellec. Parrain et marraine

(1) Pour le présent chapitre, voir la branche de Sainte-Barbe, chapitre I, section 4, N· 5.

(2) Au chapitre VI, section 2, N· 6.

Alexandre Collet et Isabelle Le Groëc. En 1728 elle se maria à Carnac, à 17 ans, à Jean Tanguy de ladite paroisse.

7º Le 10 mai 1711, baptême de Marguerite Collet, née à Khellec. Parrain et marraine Guillaume Le Bayon, de Plouharnel, et Marguerite Thomas. En 1738 elle se maria à Paul Calvé.

8º En 1720, baptême de Pierre Collet, né à Khellec, qui se maria à Michelle Le Bail vers 1743.

9º Le 28 janvier 1714, baptême de Barbe Collet, née à Khellec. Parrain et marraine François Le Bail et Armelle Collet. En 1735, elle se maria à Pierre Le Bail, de Kroc, et, en 1786, elle mourut à Khachique.

SECTION II.

Naissances : 6.

Enfants du 1er mariage.

1º En 1743, baptême de Pierre-Gabriel Collet, né à Khellec, qui se maria, à Carnac, à Anne Le Drian de Klois.

2º En 1745, baptême de Barbe Collet, née à Khellec.

3º En 1753, baptême de Marguerite Collet, née à Khellec, qui se maria en 1797 à Yves Morlaix.

4º En 1757, baptême de Pierre Collet, qui eut pour parrain Pierre Collet. En 1783 il se maria en 1re noce à Marie-Vincente le Quellec, et, en 1789, en seconde noce à Barbe Belz.

Enfants du second mariage.

5º En 1760, baptême de Louis Collet, qui mourut à 2 ans et fut enterré le 17 février 1762.

MARIAGE.

Pierre COLLET et Michelle LE BAIL.

Naissance à Khellec en 1720.

1er mariage avec Michelle Le Bail vers 1743.

2e mariage avec Louise Le Clanche en 1759.

Il demeura à Khellec jusqu'à son second mariage en 1759.

Après son second mariage il alla demeurer à Bourgerel puis, en 1770, au bourg de Carnac.

6º Le 5 novembre 1770, baptême de Jean-Joachim Collet, né au bourg de Carnac, qui se maria vers 1798 à Anne Guhur. Il alla demeurer à Auray au bourg de Saint-Julien, où il exerça la profession de boulanger. Il eut un fils, Pierre-Louis Collet, qui naquit à Auray le 27 février 1798, et qui se maria en première noce à Marie-Anne Tanguy, à Kisper-Carnac. Celui-ci eut deux filles de ce premier mariage : 1º Marie-Reine Collet, née en 1824 ; 2º Marie-Reine Collet, née le 23 janvier à la Trinité. Le 5 février 1868, celle-ci se maria à François Daniel, aubergiste à la Trinité, où elle mourut le 22 août 1871.

Le 25 août 1830, Pierre-Louis Collet, qui était maître au petit cabotage, se maria en seconde noce à Félicité le Rouzic de Carnac. Il eut un fils de ce second mariage, Constant-Eugène Collet, qui naquit à Carnac le 1er juin 1831. Celui-ci a exercé à Auray, à Nantes et à Paris la profession de perruquier et de doreur-brunisseur ; mais on ne sait s'il est mort ou vivant depuis qu'il a quitté la Bretagne.

Les enfants issus de Jean-Joachim Collet, boulanger à Saint-Julien d'Auray, appartiennent à la branche de Kisper-Carnac, qui a demeuré successivement au bourg de Plouharnel, à Khellec, Kgavat, Khellec, Klois, Bourgerel, au bourg de Carnac, à Saint-Julien d'Auray et à Kisper-Carnac.

SECTION III.

Naissances : 8.

Enfants issus du 1er mariage.

MARIAGE.

PIERRE-GABRIEL **COLLET** marié en 1re noce à Anne Le Drian de Klois, et en 2e noce

1º Le 29 mars 1770, baptême de Corneille Collet, né à Klois.

2º Le 22 octobre 1771, baptême de Marie-Anne Collet, née à Klois.

à Anne Plœmer, veuve de Laurent Le Dantec, cabaretière au Pô.

Naissance à Khellec en 1743.

1er mariage à Klois le 28 décembre 1768.

2° mariage à Bourgerel le 10 juillet 1792.

Il était maître de chasse-marée.

3° En 1775, baptême de Marie-Françoise Collet, née à Klois.

4° En 1779, baptême, et enterrement 6 mois après, de Joseph Collet, né à Klois.

5° En 1784, baptême de Pierre-Marie Collet, né à Bourgerel où il se maria en 1814 à Marie-Jeanne Tanguy.

6° Le 22 février 1788, baptême de Vincent Collet, né à Bourgerel.

7° Le 28 avril 1788, baptême de Julienne Collet, née à Bourgerel.

Enfant issu du 2° mariage.

8° Le 27 juillet 1792, baptême de Gabriel-Laurent Collet, marin, qui se maria en 1824 à Rosalie Le Gloahec, du Pô, et en 1839 à Marie-Joseph Carel, du Pô.

SECTION IV.

Naissances : 8.

MARIAGE.

Pierre-Marie **COLLET**

et

Marie-Jeanne **TANGUY.**

Naissance vers 1784 ou 6 à Bourgerel.

Mariage en 1814, à 28 ans, à Bourgerel.

Il était marin et maître au petit cabotage.

1° Le 26 août 1814, baptême de Pierre-Marie Collet, né à Bourgerel.

Le 20 juillet 1857, il se maria à Carnac à Jeanne-Marie Donnant, de la Trinité, où il mourut le 8 octobre 1865, âgé de 51 ans. Il était syndic et maître au petit cabotage. Il eut deux enfants : 1° Eugénie-Marie Collet qui naquit à la Trinité le 7 novembre 1858, et qui se maria à un gendarme. Elle est décédée. 2° Eugène-Joseph Collet qui naquit à la Trinité le 22 juin 1860.

2° Le 10 novembre 1816, baptême de Marie-Julienne Collet, née à Bourgerel et mariée à Marc Chénon.

3° Le 9 janvier 1819, baptême de Anne-Marie Collet, sœur du tiers-ordre, née à Bourgerel.

4º Le 14 mai 1821, baptême de Michel Collet, né à Bourgerel.

5º Le 11 octobre 1823, baptême de François-Marie Collet, né à Bourgerel, qui se maria à Marie-Ange-Elisa Danic à la Trinité.

6º Le 23 février 1826, baptême de Jeanne-Marie Collet, née à Bourgerel, qui s'y maria en 1848 à Joseph-Marie Jouan qui y est décédé. Leur fils, Pierre-Marie Jouan, est devenu prêtre et il est actuellement vicaire à Riantec.

7º Le 2 juin 1828, baptême de Jean-Marie Collet, né à Bourgerel.

8º Le 22 août 1830, baptême de Marie-Françoise Collet, née à Bourgerel.

SECTION V.

NAISSANCES : 5.

MARIAGE.

FRANÇOIS-MARIE **COLLET**

et MARIE-ANGE-ELISA

DANIC,

à la Trinité-Carnac.

Le 26 août 1823, naissance à Bourgerel.

Il était maître au cabotage et syndic des gens de mer.

1º Le 10 septembre 1859, baptême de François-Marie Collet, né à la Trinité. Il mourut en mer en 1874.

2º Le 9 octobre 1861, baptême de Jean-Marie Collet, décédé en juin 1881 à Toulon, et enterré à la Trinité.

3º Le 10 décembre 1863, baptême de Marie-Ange-Elisa Collet, née à la Trinité. Elle vit chez son père.

4º Le 18 octobre 1865, baptême d'Eugène-Marie Collet, décédé au Tonkin en 1887.

5º Le 1er avril 1874 ou 5, baptême de Pierre-Marie Collet qui demeure chez son père à la Trinité.

La branche de la Trinité-Bourgerel a habité successivement le bourg de Plouharnel, Khellec, Kgavat, Khellec, Klois, Bourgerel et la Trinité.

CHAPITRE VII.

9° BRANCHE DE KERVÉGANT-LE-PO (1)

SECTION I.

NAISSANCES : 6.

Enfants du 1ᵉʳ mariage.

MARIAGE.

GABRIEL-LAURENT

COLLET, marin, et

ROSALIE

LE GLOAHEC.

Naissance le 27 juillet 1792.

1ᵉʳ mariage avec Rosalie Le Gloahec, vers 1823.

2ᵉ mariage avec Marie-Joseph Carel, vers 1838.

1° Le 2 novembre 1824, baptême de Jean-Marie Collet, marin, qui se maria au Pô à Marie-Julienne Maurice. Celui-ci eut trois enfants, ce sont : 1° le 1ᵉʳ mars 1850, baptême de Marie-Ange Collet, née au Pô ; 2° le 29 mai 1852, baptême de Jean-Vincent Collet, né au Pô ; 3° le 14 juillet 1856, baptême de Jean-Marie Collet, né au Pô.

Cette famille forme la branche du Pô-Bourgerel-Carnac.

2° Le 1ᵉʳ avril 1826, baptême d'Eugène-Marie Collet.

3° Le 29 septembre 1830, baptême de Marie-Louise Collet.

4° Le 23 décembre   , baptême de Tréphine-Marie Collet.

5° Le 23 juillet 1836, baptême de Marie-Julienne Collet.

Enfant du 2ᵉ mariage.

6° Le 17 août 1839, baptême de François-Marie-Alexandre Collet, qui se maria à Kvégant, à Marie-Anne Le Rol.

(1) Voir la branche de la Trinité-Bourgerel, chapitre VI, section 3, N° 8.

SECTION I.

Naissances : 5.

MARIAGE.

François-Marie-Alexandre

COLLET, marin,

et

Marie-Anne LE ROL,

à Kvégant.

1º Le 17 août 1869, baptême de Ferdinand-François-Marie Collet, né à Kvégant.

2º Le 9 septembre 1873, baptême de Jean-Marie Collet, né à Kvégant.

3º Le 20 septembre 1875, baptême de Phanie-Éléonore-Désirée Collet, née à Kvégant.

4º Le 16 octobre 1877, baptême de Anna-Françoise-Élisa Collet, née et décédée à Kervégant.

5º Le 15 novembre 1879, baptême de Joachim-Marie Collet, né et décédé à Kvégant.

Cette famille forme la branche de Kvégant-le-Pô qui demeura successivement au bourg de Plouharnel, à Khellec, Kgavat, Khellec, Klois, Bourgerel, au Pô et à Kvégant.

CHAPITRE VIII.

10° BRANCHE DE KERHUENNO. — BOURG DE CARNAC. — LE PONT-NEUF [1].

SECTION I.

NAISSANCES : 6.

Enfants issus du 1er mariage.

MARIAGE.

PIERRE **COLLET**,

capitaine de chasse-marée,

et MARIE-VINCENTE

LE QUELLEC.

Naissance à Khellec, en 1757.

Mariage à 26 ans, en 1783, à Saint-Guenhaël.

2° mariage avec Barbe Belz, au Pont-neuf, en 1789.

1° En 1784, baptême de Perrine Collet.

2° En 1786, baptême de Jean-Marie Collet, né à Saint-Guenhaël.

3° En 1788, baptême de Jean, né au Pratezo, qui se maria en 1820, à Marie-Joseph Ezano, au bourg de Carnac.

Enfants nés du 2° mariage.

4° En 1790, baptême de Joseph Collet, décédé le 7 août 1796, au Pont-Neuf.

5° Le 17 février 1792, baptême de Corneille Collet, décédé le 3 mai 1792, au Pont-Neuf.

6° Le 29 avril 1794, baptême de Pierre Collet, né au Pont-Neuf, qui se maria en 1814 à Marie-Julienne Rio, à la Trinité.

SECTION II.

NAISSANCES : 2.

MARIAGE.

JEAN **COLLET**,

et

MARIE-JOSEPH **EZANO**,

au bourg de Carnac.

Naissance au Pratezo, en Plouharnel, en 1788.

Mariage, en 1820, à 32 ans. Il était maître au cabotage.

1° En 1828, baptême de Désiré-Charles Collet, né au bourg de Carnac, qui se maria en 1860, à Marie-Joseph Jégo.

2° Le 29 septembre 1831, baptême de Jeanne-Marie Collet, née au bourg de Carnac, où elle se maria à Jean-Vincent Quer.

---

(1) Voir la Branche de la Trinité-Bourgerel, chapitre VI, section 2, N. 4°

SECTION III.

NAISSANCES : 8.

MARIAGE.

DÉSIRÉ-CHARLES
COLLET,

et

MARIE-JOSEPH **JÉGO.**

Naissance au bourg de Carnac, en 1828.

Mariage, en 1860, à 32 ans.

Décès à Khuenno, en Plouharnel, le 3 avril 1878, à 50 ans.

1º Le 6 août 1861, baptême de Marie-Joséphine-Désirée Collet, qui se maria en 1882, à Khuenno, en Plouharnel, à Jean-Louis-Marie Guilharme.

2º En 1863, baptême de Marie-Mélanie Collet, née à Khuenno.

3º Le 10 février 1867, baptême de Zacharie-Désiré Collet.

4º Le 6 novembre 1869, baptême de Désiré-François-Marie Collet.

5º Le 12 octobre 1871, baptême de Charles-Joseph-Marie Collet.

6º Le 6 novembre 1873, baptême de Jean-Marie Collet, né à Khuenno.

7º Le 10 décembre 1875, baptême de Joseph-Marie Collet.

8º Le 4 novembre 1877, baptême de Benjamin-Xavier-Marie Collet, né à Khuenno.

La branche de Khuenno a demeuré successivement au bourg de Plouharnel, à Khellec, Kgavat, Khellec, Saint-Guenhaël, au Pratezo, au Pont-Neuf, au bourg de Carnac et à Khuenno.

CHAPITRE IX.

10º BRANCHE DE LA TRINITÉ-LE PONT-NEUF [1].

SECTION I.

NAISSANCES : 5.

MARIAGE.

PIERRE **COLLET**, marin,
et MARIE-JULIENNE **RIO**,
à la Trinité-Carnac.

Naissance le 29 avril 1794 au Pont-Neuf.

Mariage le 15 février 1814 à la Trinité.

Sa femme tenait un cabaret à la Trinité-Carnac.

1º En 1815, baptême de Joachim Collet, né à la Trinité-Carnac.

2º Le 26 novembre 1816, baptême de Marie-Jeanne Collet, née à la Trinité.

3º Le 12 mars 1819, baptême de Corneille-Marie Collet, né à la Trinité.

4º En 1824, baptême de Jean-Marie Collet, né à la Trinité, qui se maria, en 1865, à Marie-Jeanne Danic, à la Trinité.

5º Le 30 avril 1828, baptême de Frédéric-Désiré Collet.

SECTION II.

NAISSANGES : 2.

MARIAGE.

JEAN-MARIE **COLLET**,
et MARIE-JEANNE **DANIC**.
à la Trinité-Carnac.

Naissance en 1824 à la Trinité.

Décès le 8 août 1865 à Marseille.

Il était maître au cabotage.

1º Le 24 novembre 1852, baptême de Jean-Marie Collet, commis de commerce.

2º Le 2 février 1854, baptême de Eugène-Marie Collet, capitaine au cabotage, né à la Trinité.

La branche de la Trinité-le-Pont-Neuf a demeuré successivement au bourg de Plouharnel, à Khellec, Kgavat, Khellec, Saint-Guenhaël, au Pratezo, au Pont-Neuf, à la Trinité.

---

(1) Voir la branche de Khuenno — Bourg de Carnac-le-Pont-Neuf, chapitre VIII, section 1, Nº 6.

CHAPITRE X.

BRANCHE DU NIGNOL-CARNAC (1).

SECTION I.

NAISSANCE : 1.

MARIAGE

JULIEN **COLLET**

et JULIENNE **LE DRIAN**,

du Nignol.

Naissance à Plouharnel le 24 septembre 1607.

Mariage célébré à la chapelle de Saint-Tual au Moustoir-Carnac, le 7 août 1639, par Pierre Le Couriault.

Décès au Nignol - Carnac le 29 novembre 1661.

Il fut confessé et communié par Ambroise Logdo, sacriste, et extrémisé par Pierre Maillard, sous-curé.

MARIAGE

JOSEPH **COLLET**

du Nignol

et JEANNE **LE ROUZIC**

de Beaumer.

Naissance au Nignol en 1658.

Mariage vers 1683.

Décès au Nignol le 21 août 1733, à l'âge de 75 ans.

1° En 1658, baptême de Joseph Collet qui se maria au Nignol, vers 1683, à Jeanne Le Rouzic, de Beaumer.

SECTION II.

NAISSANCES : 5.

1° Le 12 décembre 1683, baptême de Anne Collet. Parrain et marraine Louis Le Rouzic et la demoiselle Anne Grangé.

2° Vers 1686, baptême de Laurent Collet qui se maria à Isabelle Le Lamer en 1705. Il mourut au Nignol le 12 mai 1720, âgé de 34 ans. Présents au convoi : François Collet, Joseph Collet et Jean Le Rouzic. Il eut 3 enfants : 1° en 1708, baptême de Perrine Collet ; 2° en

(1) Voir la branche de Sainte-Barbe, chapitre I, section 2, N° 3.

Il reçut les sacrements de la sainte Église.

Le lendemain, 22 août, il fut inhumé au cimetière de Saint-Corneille, en présence de Armel Belz, Joseph Plémer, François Le Rouzic et Aubin Le Rouzic, curé, qui fit l'enterrement.

1710, baptême de François Collet; 3° en 1715, baptême de Jacquette Collet qui se maria, au Nignol, à Laurent Belz en 1735. Elle mourut en 1755, âgée de 40 ans. La branche des Collet du Nignol s'éteignit en elle en 1755.

3° En 1692, baptême de Pierre Collet qui mourut à 10 ans, et qui fut enterré dans l'église de Saint-Corneille le 29 janvier 1702, après avoir reçu ses derniers sacrements.

4° En 1694, baptême de François Collet, né au Nignol. Le 5 février 1722, il se maria au Nignol à Geneviève Mallet, de Plœmel, en présence de Joseph Collet, son père. Voici la liste de ses enfants : 1° le 2 mars 1723, baptême de Colomban Collet qui fut enterré le 13 juin 1732; 2° le 8 novembre 1726, baptême de Joseph Collet qui eut pour parrain Joseph Collet; 3° en 1727, baptême de Anne Collet qui eut pour parrain et marraine François Collet et Jacquette Collet; 4° le 19 novembre 1732, baptême de Joseph Collet. Le 20 septembre 1735, François Collet se remaria, à Kogel-Carnac, à Françoise Rio, de Locmariaquer. Le 20 septembre 1735, il eut de ce dernier mariage Olivier Collet qui naquit à Kogel, et qui eut pour parrain et marraine Olivier Le Bail et Jeanne Le Bourhis. Il fut inhumé le 18 février 1739. François Collet mourut à Kogel le 7 mars 1747, âgé de 53 ans. Il n'eut que le temps de se confesser, ayant été surpris par la mort subite. Présents au convoi : Laurent Belz, Armel Belz.

5° Le 27 février 1700, baptême de Jean Collet qui mourut 2 mois après. Parrain et marraine François Le Bayon et Françoise Le Rouzic.

Remarque. La branche des Collet du Nignol s'éteignit à la 5e génération, après avoir habité le bourg de Plouharnel et le Nignol-Carnac.

Il y a eu, depuis 300 ans, dans les différentes branches de la famille Collet de Plouharnel environ 270 baptêmes, 87 mariages, dont 7 en seconde noce, 6 prêtres, 7 maîtres de chasse-marée ou capitaines de cabotage, dont 2 syndics.

Deux cas de mariage précoce.

De 1660 à 1661, Olivier Collet, époux de Julienne Gohébel, de Khellec, se maria et engendra à 18 ans.

En 1765, Julien Belz, fils de Laurent Belz et de Jacquette Collet, du Nignol, se maria, à 16 ans, à Isabelle Kzerho de Kbachique qui n'avait que 14 ans. L'année suivante ils eurent un enfant.

N.

O. E.

S.

Le Ty-Nehué
Maison de François Collet
au Mignol-Carnac.

CHAPITRE XI.

BIOGRAPHIE DE FRANÇOIS COLLET

PRÊTRE DE LA COMMUNAUTÉ DE CARNAC, D'APRÈS LES REGISTRES PA-
ROISSIAUX DE PLOUHARNEL, DE CARNAC ET DE PLŒMEL, LES REGISTRES
D'ORDINATIONS DE L'ÉVÊCHÉ DE VANNES, SON TESTAMENT CONSERVÉ A
LA SACRISTIE DE SAINT-CORNEILLE ET LA TRADITION.

François Collet naquit au bourg de Plouharnel, le 3 février
1635, du légitime mariage de Jean Collet et de Julienne
Le Bidau, ses père et mère. Il fut baptisé dans l'église paroissiale de Saint-Armel par Gilles Le Runigo, recteur de la
paroisse. On lui donna pour parrain et marraine François
Moisan, vicaire de la paroisse de Quibéron, et Perrine Daniello,
de Brenantec. Huit personnes apposèrent leur signature au
bas de son acte de baptême; ce furent : F. Moisan, vicaire de
Quibéron, Gilles Le Runigo, recteur de Plouharnel, Audo,
F. Le Gahinet, Mérol, prêtre, Le Pendu, Mathieu Gourhel,
prêtre, Le Pendu. Julienne Le Bidau, sa mère, avait dans
sa parenté deux ecclésiastiques qui étaient sous-curés et
prêtres de la communauté de Plouharnel; c'étaient Pierre
Le Bidau et Mathieu Le Bidau. Ce fut probablement ce dernier
qui prit soin de l'éducation de François Collet qui se consacra
aussi au service des autels. D'après une note de l'évêché, il
reçut la prêtrise le 8 mars 1659, des mains de Mgr Charles
de Rosmadec, évêque de Vannes, dans la chapelle de saint
Vincent Ferrier à la Cathédrale : « *Illustrissimi D. D. Carolus
de Rosmadec, episcopus Venetensis, sacros generales ordines
in sacello sancti Vincentii Ferrerii ecclesiæ cathedralis, die
octavâ Martii 1659 (promovit) ad presbyteratum........
Franciscum Collet.....* »

En 1662, il assiste comme témoin au baptême de Jean
Le Lamer, fils légitime de noble homme Guillaume Le Lamer
et de Perrine Le Pendu, sieur et dame de Kisperz, du bourg

de Plouharnel. Il signe ensuite son acte de baptême comme il suit : F. Collet, p^tre.

Le 7 septembre 1663, François Collet et Perrine Le Pendu avaient été parrain et marraine de Bonaventure Thomas, fils légitime de Julien Thomas et de Françoise Le Bourdiec, marchand de Ḳroc. Missire Gilles Le Runigo avait fait le baptême.

François Collet avait un oncle du côté paternel, marié au Nignol, en Carnac : c'était Julien Collet qui naquit à Plouharnel le 24 septembre 1607, du légitime mariage de Guillaume Collo et de Françoise Sonnic. Le 7 août 1639, il se maria au Nignol à Julienne Le Drian. Missire Pierre Le Couriaut, prêtre de Carnac, célébra son mariage à la chapelle de Saint-Tual, au Moustoir. Il mourut au Nignol le 29 novembre 1661, après avoir reçu les derniers sacrements de Ambroise Logdo, sacriste, et de P. Maillard, curé de Carnac. Julien Collet laissait en mourant un fils en bas âge, Joseph Collet, qui n'avait encore que 3 ans. François Collet vint se fixer au Nignol, près de son cousin-germain, pour administrer son bien et pour prendre soin de son éducation. Quelque temps après, il fut nommé membre de la communauté des prêtres de Carnac.

Vers 1670, il bâtit une maison à son usage au nord de la ferme de son cousin, sur les terres mêmes de la tenue. Cette habitation existe encore quoique dans un état de délabrement complet. Elle a quatre chambres, dont deux au rez-de-chaussée et deux au premier étage qui est surmonté d'un grenier. Un escalier de pierres conduit à l'étage supérieur, dont la porte d'entrée, tournée au midi, est ornée du monogramme IHS du saint nom de Jésus (1). Cette maison porte le nom de Ty-nehué, ainsi que les terres qui en dépendaient autrefois, mais qui font partie aujourd'hui de la ferme de Ḳmorvan,

---

(1) Au XVIIe siècle, on avait l'habitude de graver le monogramme du saint Nom de Jésus au-dessus des portes et des fenêtres des habitations de la campagne, pour attirer sur elles la bénédiction de Dieu et pour les préserver de tout danger...... : *erit in signum in œdibus vestris nec erit vobis plaga disperdens* (Exod., 12, 13). A Carnac, ce nom se trouve encore gravé sur la maison de Nicolas de Legenès, de Guennec de Ḳbrederi, de Baron de Ḳgo, de Bellégo de Kelvezin (1635), etc. A Auray, on le voit inscrit sur l'église des Capucins (1627) et sur celle de Saint-Gildas (1630), etc.

telles que Doareu-en-Ty-nehué, prad-en-Ty-nehué, launc-er-Huiré.

Vers 1692, François Collet maria sa nièce Perrine Collet, de Khellec, à Pierre Plémer, du Nignol. De ce mariage naquit Colomban Plémer qui fut ordonné prêtre le 22 septembre 1736. Il devint ensuite curé de Carnac et recteur de Plouharnel, de 1736 à 1762.

Le 13 février 1671, François Collet vint à Plœmel conférer le baptême à Jeanne Guillevin, fille légitime de Gilles Guillevin et de Perrine Le Divehat, de Kmodeste. Les parrain et marraine furent Julien Baudet et Jeanne Le Divehat, de Plœmel. François Collet rédigea l'acte de baptême de cette enfant et le signa ensuite, ainsi que Laurent Kzerho, curé de la paroisse.

Le 24 février 1672, avec la permission de Julien Le Lardeur, recteur de Carnac, François Collet célébra le mariage de Philippe Jégo et de Nicolle Le Port dans la chapelle du château de Kmalvezin, en présence de Jean Événo, Henri Sonnic, Thomas Le Glouahec, Jean Le Glouahec et de plusieurs autres pris pour témoins.

Le 18 juillet 1672, il célébra, dans cette même chapelle, le mariage de Bertrand Le Bidau, de Mendon, et de Jacquette Thomas, de Carnac, en présence des témoins suivants : Grégoire Thomas, Marguerite Belz, Julienne Nauguez et de plusieurs autres.

La maison noble de Kmalvezin et sa chapelle datent du commencement du XVIe siècle. La fontaine de la Fosse, qui est près de la route d'Auray à Quibéron, a été construite en 1663. En 1644, ce château était habité par G. A. Le Floch, sieur de Klan, qui mourut le 1er septembre de cette même année. Il fut inhumé comme fondateur dans la chapelle du Saint-Sacrement, au nord du maître-autel de Saint-Corneille. En 1684, Julien Le Lardeur, recteur de Carnac, fut inhumé également devant la grille de l'autel de la confrérie du Saint-Sacrement, du côté de l'Évangile.

Le 26 juillet 1672, Louis Corlobé, curé de Carnac, reçut le consentement de mariage de Jean Cadic et d'Hélène Michel, de Jean Le Corvec et de Vincente Événo ; il dit ensuite la messe pour les deux premiers à l'autel de N.-D. du Rosaire, et François Collet en dit une autre pour les deux derniers à l'autel de Saint-Corneille, où il leur donna la bénédiction nuptiale.

Le 30 octobre 1672, François Collet célébra le mariage de Philippe Simon et de Michelle Rio dans la chapelle de Notre-Dame du bourg, en présence de Bertrand Simon, Jean Danic, Françoise Cailloce et Paul Rio pris pour témoins.

Le 2 septembre 1684, missire Le Drian, sous-curé de Carnac, reçut le consentement de mariage de François Événo et de Marie Le Roux ; ensuite François Collet leur donna la bénédiction nuptiale en disant la messe à leur intention.

En 1705, François Collet donna la sépulture ecclésiastique à une petite fille qui avait été ondoyée à la maison en danger de mort. Vincent Sylvestre, grand'père de l'enfant, Pierre Coudon, Nicolas Le Bayon, Laurette Le Bail, assistèrent à son enterrement.

Le 30 mai 1686, François Collet assiste à Plouharnel au mariage de François Le Bayon, de Plouharnel, et d'Anne Le Moing, de Carnac, en compagnie de Pierre Grouhel, Jacques Le Bayon et de Jérôme Le Port, recteur de la paroisse.

La confrérie du Saint-Sacrement était établie dans l'église de Saint-Corneille à l'autel du transept nord, où les prêtres de la communauté de Carnac desservaient toutes les fondations de cette confrérie. Le 14 mai 1699, François Collet fit son testament par devant maître Vincent Henri, notaire royal à Auray. Il donne à cette confrérie un capital de 300 livres tournois, produisant 15 livres de rente par an, à la charge pour le procureur de ladite confrérie de faire célébrer, à perpétuité, une messe basse à l'autel du Saint-Sacrement, tous les seconds vendredis du mois pour lui, ses parents, ses amis et pour tous les fidèles trépassés, en ayant soin d'en payer les honoraires aux prêtres de la communauté de Carnac, à raison de 7 livres 4 sous, prélevés sur la rente de 15 livres, le surplus restant au profit de la confrérie. Les ordonnances synodales de Mgr d'Argouges, de 1693, avaient fixé à 12 sous l'honoraire de la messe dans le diocèse de Vannes. — A l'origine, cette fondation était sise sur la tenue do Joseph Davy et d'Yvonne Le Bourhis, de Couetcougam. De nos jours,

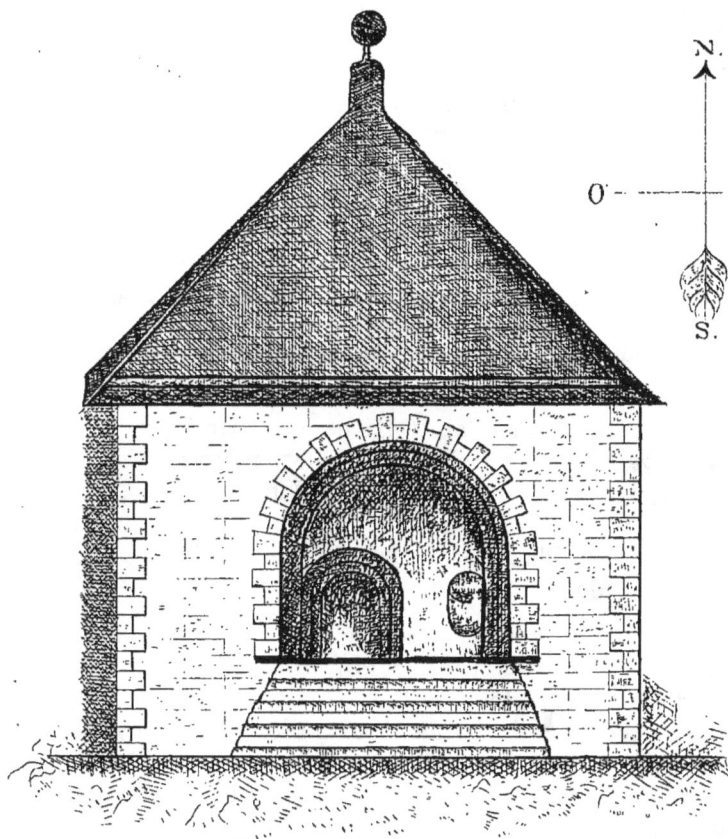

Porche sud de l'église de St-Corneille de Carnac
où fut inhumé François Collet,
le 31 Août 1710

elle est assise sur la tenue Cailloce, du Puço. En 1858, la rente annuelle se payait en trois minots de froment, petite mesure d'Auray.

Enfin le 30 août 1710, François Collet mourut au Nignol, âgé de 75 ans, et dans sa 50ᵉ année de prêtrise. Il avait été assisté dans ses derniers moments par missire Louis Corlobé, qui le confessa et lui donna le Saint-Viatique, et par Jean Le Toullec, recteur de Carnac, qui lui administra l'Extrême-Onction. Le lendemain, celui-ci lui donna la sépulture ecclé-siastique en l'inhumant au porchet sud de l'église de Saint-Corneille, en face du cimetière. Pierre Le Moing, Julien Thomas, Joseph Collet, son cousin-germain, Vincent Rio et plusieurs autres assistèrent à son convoi. La dalle de sa tombe se trouve toujours à la même place, mais l'inscription qui y était gravée a été complètement effacée sous le pas des passants, et le pavé lui-même a été renouvelé de nos jours.

Remarque. — Il y a eu cinq autres prêtres issus des diffé-rentes branches de la famille Collet, de Plouharnel, ce sont :

1º Antoine Collet, de Sainte-Barbe, mort vicaire de Melrand en 1848 ; 2º Mathurin Collet, de Kviler, mort curé-doyen de Sarzeau en 1877 ; 3º Joseph-Marie Collet, de Groix, recteur actuel de Riantec ; 4º Jean-Joachim Collet, de Sainte-Barbe, vicaire actuel de Ploemel ; 5º Joseph-Marie Collet, de Riantec, vicaire actuel de Sarzeau.

MM. Colomban Plémer, du Nignol, vicaire de Carnac et recteur de Plouharnel (1736-1762), Pierre-Marie Jouan, de Bourgerel, vicaire actuel de Riantec, Jean-Marie Dréano, de Camors, vicaire de Quibéron (1867), Pierre-Marie Dréano de Camors, frère du précédent et vicaire actuel de Saint-Bar-thélemy, appartiennent aussi à la famille Collet de Plouharnel, du côté maternel.

CHAPITRE XII.

Notice historique sur Plouharnel. — L'isthme de Quibéron.

Au commencement de l'époque quaternaire ou postpliocène, la mer finit par se créer un passage entre Quibéron et le continent, par ses érosions incessantes, qui réduisirent en sable la roche schisteuse ou granitique de l'isthme primitif. Le sable, poussé par les vents, combla ensuite ce détroit maritime en y accumulant les dunes de la falaise, qui forment l'isthme actuel de la presqu'île. Les bancs de cailloux roulés du Parco de Quibéron et leurs similaires de la côte de Carnac et de Plouharnel, sont les témoins matériels du séjour primitif de la mer dans ce détroit, qui séparait alors Quibéron du continent. Ils sont formés de matériaux en partie lointaine, qui paraissent avoir été transportés à la fois par les eaux courantes et les glaces côtières. M. Barrois signale des plages de galets semblables près de Kguillé et de Penhors au Finistère ; il n'hésite pas à les attribuer à l'époque glacière, pendant laquelle les glaces de la Scandinavie et des régions arctiques venaient s'échouer sur nos côtes.

ÉPOQUE PALÉOLITHIQUE.

L'homme quaternaire. — On trouve à Carnac, à la pointe de Saint-Colomban et à Mané-ré-yevank au port Khouet en Erdeven, un terrain meuble sur pente, provenant de la décomposition du granit sous l'influence du ruissellement des pluies diluviennes de l'époque quaternaire ancienne. Formé de blocs de granit plus ou moins volumineux, de gravier, de sable de source, ce dépôt repose, en partie, sur le rocher

naturel au bas de l'escarpement, et, en partie, sur un banc
de cailloux roulés de formation marine de l'époque postpliocène, absolument semblable à celui du Parco en Quibéron.
Cet éboulis est contemporain du loess et des alluvions
quaternaires de Saint-Acheul, qui renferment des débris
d'animaux éteints, tels que le Mammouth, le Rhinocéros à
narines cloisonnées, et des silex taillés de main d'homme.
En 1869 et en 1885, j'y ai trouvé, à 2 mètres de profondeur,
des éclats de silex pyromaque du type de Saint-Acheul et du
Moustier, avec quelques traces de charbon de bois provenant
de la combustion du chêne. Or, comme la contrée n'offre,
en ce point, aucun gisement de silex, il s'ensuit que cette
substance y a été importée par l'homme, lors de la formation
de ce terrain. Un ruisseau, un torrent, un éboulement
aurait pu y entraîner le silex, mais non l'importer dans la
contrée. La mer qui baigne aujourd'hui le rocher, n'est pour
rien dans la formation de ce terrain, qui est exclusivement
d'origine terrestre et atmosphérique. Force est donc d'admettre
que l'homme vivait dans le Morbihan lors de cette formation,
c'est-à-dire, à l'époque quaternaire ancienne comme à Saint-
Acheul et au Moustier, alors que le climat était beaucoup
plus humide que de nos jours (1).

ÉPOQUE NÉOLITIQUE.

La paroisse de Plouharnel renferme plusieurs monuments
mégalithiques : il y a des dolmens à Runestaut, à Kgavat, à
Kroc, à Rondossec, au nord de la caserne des douaniers, à
Mané-Remor, au Vagne-le-Dan, à Tennat er Roheu ou er
Mæn-Guen, à Tennat Kgazec, à Tennat Kloguin, à Courcouno,

---

(1) On comprend sous la dénomination de *terrain quaternaire ou diluvium* tous
les dépôts statifiés ou non, marins, fluviatiles, lacustres, torrentiels ou glacières,
meubles ou incohérents qui se sont formés entre la fin de la période pliocène (le
tertiaire) et le commencement de l'époque actuelle.

Rien ne saurait exprimer l'abondance des eaux qui se répandaient, alors, par
toute l'Europe. Pour reconstituer la Somme, le Rhin, le Rhône et la Durance de
cet âge, c'est à cent mètres pour le premier de ces fleuves, à soixante mètres pour
le second, à cinquante au moins, pour le dernier qu'il faut relever le niveau
présenté par eux aujourd'hui.

M. Alexandre Bertrand, la Gaule avant les Gaulois, p. 48, 51.

à Mané-Ronguellec, au Cosquer; total 13. Au vieux moulin et à Sainte-Barbe, il y a des alignements de menhirs. D'après les découvertes les plus récentes de l'archéologie, les tumulus et les dolmens sont des monuments funéraires élevés par les Celtes pour la sépulture des morts. Les Cromlechs et les alignements sont des monuments commémoratifs de quelques grands événements. Ce qui permet cette interprétation, c'est qu'en Suède on leur donne encore le nom de pierres de souvenir. Tous les siècles de la période celtique ont dû contribuer à les ériger et à les développer de plus en plus.

Une ancienne forêt. — Il existe à la pointe de Carec-erséheu, en Erdeven, un gisement de tourbe, *motte* en breton, qui ne se découvre qu'aux grandes marées. Ce banc est visiblement très ancien, car il n'a pu se former qu'à une époque où la mer, les dunes et les ruines romaines des environs qui reposent sur ce sable étaient absentes de la localité, c'est-à-dire à l'époque néolithique qui est caractérisée par l'ère des tourbières, les habitations lacustres et l'industrie de la pierre polie.

ÉPOQUE GAULOISE.

Selon MM. Hucher et Fillioux, l'introduction de la monnaie en Gaule ne remonte pas au delà du IIIᵉ siècle avant Jésus-Christ. Elle se rattache à la célèbre expédition des Gaulois en Macédoine, en l'an 281 avant notre ère. Sous le rapport de l'art, les plus anciennes sont les plus belles ; ce qui prouve que le IIIᵉ siècle avant notre ère a été l'époque la plus florissante de l'ancienne Gaule.

Si le sol de Plouharnel ne présente aucune trace de l'époque gauloise, en revanche j'en ai trouvé ailleurs de très intéressantes sur la limite de Brech et de Plœmel. Le 23 avril 1888, j'ai eu la chance de découvrir, le long d'un talus fraîchement construit, à Lanne-er-Raneu, au nord du Guervec, en Brech, 40 monnaies gauloises en cuivre renfermées avec d'autres objets dans un vase de terre extrêmement grossier. Enfouies presque à fleur de terre, elles provenaient probablement d'une antique sépulture, bien qu'il n'y eut aucun monument qui en révélât la présence. Elles sont

ornées de signes emblématiques, tels que le cheval à tête
d'homme, le bâton augural, le sanglier, la lyre, etc. Leur
parfaite exécution prouve qu'elles doivent remonter au IIe
ou au IIIe siècle avant notre ère. Elles étaient accompagnées
de 7 bracelets de verre de différentes couleurs, 2 de schiste
noir, 8 de cuivre et 1 de fer ; de 25 grains de collier de
verre, 4 d'argent ; de 10 anneaux de cuivre, 2 d'or et 2
d'argent ; de 3 fibules de cuivre et d'un petit disque de fer
qui pourrait bien être une monnaie. Ce qui pour nous est
surtout très intéressant, c'est qu'elles ont été trouvées sur
une terre qui faisait partie du territoire de l'ancienne Vénétie.

ÉPOQUE ROMAINE.

Les Romains s'emparèrent de la Gaule 50 ans environ avant
Jésus-Christ. Ils l'occupèrent ensuite pendant plus de 400 ans
jusqu'à l'invasion des Barbares et la chute de l'empire romain.
Les vestiges de cette époque sont très rares sur le territoire
de Plouharnel ; à part quelques tuiles à rebord que l'on
rencontre sur le rivage de la mer près de Khellec, au midi
de la chapelle de Saint-Antoine et sous les dunes du ruisseau
de Plad-er-ré, non loin de l'étang de Locpéret ou Lenhoguet,
c'est tout ce que l'on trouve des ruines de cette époque sur
la paroisse. Cependant nous savons que le pays était partout
occupé par les Romains, d'après les nombreuses villas qu'ils
y avaient élevées. Pour me borner au littoral de la mer qui
s'étend entre le Blavet et la rivière d'Auray, je citerai les
médailles romaines que j'ai eu le bonheur de recueillir dans
les stations suivantes : à Plœmel, au Gohilis de Kganiet,
une monnaie de cuivre de Tibère, de l'an 24 ; à Erdeven, au
midi de Khillio, une médaille d'argent d'Adrien (117-138). A
Quibéron, à l'est du fort Saint-Julien, un bronze de Marc-
Aurèle (161-180) ; à Gavre, à la caserne de Ksahu, une
médaille de cuivre de Tetricus (268-271) ; à Carnac, au midi
du mont Saint-Michel, une médaille de cuivre d'Alexandre
Sévère (222-235) ; au bourg de Saint-Philibert, une médaille
de cuivre de Licinius (307-324). Les ruines de la villa
gallo-romaine du Bocennu en Carnac, si bien fouillées par
M. James Miln en 1875, remontent à cette époque, de 161
à 337.

ÉPOQUE CHRÉTIENNE.

L'origine du christianisme en Bretagne remonte à saint Clair, Ier évêque de Nantes, qui mourut à Réguiny, au diocèse de Vannes, en l'année 96, d'après l'inscription de son tombeau et le témoignage d'Albert-le-Grand. Mais cette contrée ne fut définitivement convertie qu'au ve, vi[e] et viie siècle, par les émigrés Bretons qui venaient de la Grande-Bretagne chercher un refuge en Armorique et y prêcher la foi de Jésus-Christ.

Au civil, la paroisse de Plouharnel fait partie du canton de Quibéron, de l'arrondissement de Lorient et du département du Morbihan. Au spirituel, elle est comprise dans le doyenné de Quibéron, l'archiprêtré de Lorient, l'archidiaconé de Saint-Patern et l'évêché de Vannes. Sa population actuelle s'élève à 1,371 habitants répartis sur une superficie de 1,847 hectares. L'église paroisiale, qui a saint Armel pour patron, est desservie par un recteur et un vicaire. L'origine de cette paroisse se perd dans la nuit des temps. M. l'abbé Le Mené, l'auteur célèbre de l'histoire du diocèse Vannes, dit qu'elle remonte au ixe siècle et au delà (T. 1. p. 163).

Il y a 5 chapelles réparties sur son territoire ; ce sont : l'église paroisiale de Saint-Armel, Notre-Dame-des-Fleurs au bourg, Sainte-Barbe, Saint-Antoine et Saint-Gilles. Avant la révolution, il y avait deux autres chapelles qui ont été détruites : Notre-Dame-du-Place-caër et Saint-Guenhaël.

LISTE DES RECTEURS ET DES VICAIRES DE PLOUHARNEL.

1° Les Recteurs.

1501. Denis Le Floch.
1501. Pierre Le Boëdec.
1524-1540. François Le Mézec, sieur de Penlan.
1554-1560. Jean de Spinefort.
1563. Jean Hervé.
1568. Jean Raoul.
1568-1573. Jacques ou Henri Tanguy de la Cornouaille.
1573-1574. Jean Le Bouhellec, de Plumergat.
1586-1614. François Gahinet.
1614-1618. Ambroise Kran, né à Plœmel en 1589, y mourut en 1618.
1625-1671. Gilles Le Runigo, de Plouharnel.
1673-1675. Julien Juchault.
1676-1695. Jérome Le Port, de Plouharnel.
1695-1698. Gildas Nicolas, de Malestroit.
1698-1720. Georges le Lamer, de Plouharnel.
1720-1721. Jérôme-Joseph Huchet, sieur de Villechauve.
1721-1730. Joseph-Pierre le Breton, du diocèse de S.-Malo.
1730-1745. Alexis de Brochereul de Rosmoilien.
1745-1755. Joseph le Tallec, de Languidic.
1755-1762. Colomban Plémer, du Nignol en Carnac.
1762-1781. Sylvestre Quémar, de Saint-Pierre de Vannes.
1781-1792. Claude Plaissix, de Noyal-Muzillac.
1802-1809. B^te Le Bagousse.
1809-1812. Pierre-Marie Allano.
1812-1816. J.-M.-G. Ruaud.
1816-1838. Joachim Le Gouguec, de Plouharnel.
1838-1870. François-Marie Sagot, de Malestroit.
1870-1875. Charles Le Gouguec, de Plouharnel.
1875. Jules Terrien, de Rennes.

2º Les curés ou vicaires et autres prêtres auxiliaires de Plouharnel.

1595-1596. Pierre Tual, sous-curé.

1595. Jacques Michaud.

1596. Pierre Le Glouahec.

1598-1602. Pierre Josse, sous-curé.

1599-1646. Pierre le Bidau, sous-curé. Il donna à la fabrique une maison et un jardin situés au bourg, une maison, un jardin et une pièce de terre situés au Hentlis, pour une fondation qui se desservait à la chapelle de la Trinité dans l'église paroissiale.

1600 Gilles Cohvas.

1602. Jean Le Bras.

1605-1614. François Le Pendu, sous-curé.

1607. Michelle Brazo.

1609. Roland Guyonvarh.

1611-1641. Mathieu Gourhel.

1614. Grégoire Kzerho.

1624. François Kgozien.

1633. Henri Le Mau, du bourg.

1634. Jacques Belz, de Khellec, demeurant à Crach.

1640. François Thomas, de Kroc.

1640-1678. Mathieu Le Bidau, sous-curé.

1652-1662. François Collet, du bourg.

1663. François Le Bourdiec.

1671-1686. Pierre Gourhel.

1673. J. Le Bidau.

1673. Pierre Le Bayon

1690. Alain Ruyet, curé.

1693-1698. Georges Le Lamer, curé, puis recteur.

1699-1724. Olivier Le Bayon.

1701-1709. Julien Bellégo, de Kloguin.

1714-1736. Rieux, curé.

1725-1717. Philippe Le Carour, curé.

1736-1741. Mathurin Guyon, curé.

1742. C. Thomas, curé.

1743. Jacques-Jean Guilloux, curé.

1745. Jean Le Vailland, curé.

1749. P. Le Port, curé.

1757-1769. Pierre Le Floch, curé.

1769-1779. Pierre Le Quellec, de Plouharnel, curé.

1779-1790. F. Le Beller, curé.

1790-1792. Joseph Le Borgne, curé, en 1802 il signe vicaire. Il émigra en Espagne pendant la Révolution.

1792-1795. Yves Bollay, prêtre assermenté et curé provisoire, qui mourut à Baud d'une manière tragique.

1826-1829. Guillam, de Locmariaquer, vicaire.

1829-1839. F.-M. Quélo, d'Auray, vicaire.

1839-1870. Charles Gouguec, d'abord vicaire, puis recteur. Il était de Plouharnel.

1870-1874. Constantin Le Floch, de Quibéron, vicaire.

1874. Jean Le Roux, de Locmalo, vicaire.

1874-1876. Jean-Mathurin Cadic, de Noyal-Pontivy, vicaire.

1876. Julien-Stanislas Bissonet, de Plœmeur, vicaire.

3° Autres prêtres originaires de Plouharnel.

1767. Jean-Adam Le Goff.

1778-1818. Mathurin Jouan, recteur d'Inguiniel.

1781-1844. Julien-Alexis Le Bail, recteur de Carnac.

1840. Grouhel, recteur de Bangor.

1834-1848. Antoine Collet, vicaire de Melrand.

1848. Les deux frères Crabot, aumôniers à Paris.

1866. Jean-Marie Bourhis, vicaire de Guern.

1883. Person, recteur de Langoëlan.

1889. { Joseph Hervé, recteur de Noyalo.

Alexis Le Bail, curé-doyen d'Auray.

Jean-Joachim Collet, vicaire de Plœmel.

Person, recteur de Larmor.

1889.
Le Bideau, aumônier des frères à Ploërmel.
Le père Yves Guézel, capucin à Lorient.
Pierre-Marie Danic, vicaire de Crach.
Alexis Le Bail, professeur au petit-séminaire de Ploërmel.
Jégo, vicaire de Languidic.
François Camenen, jésuite.
Constantin Danic, au diocèse de la Rochelle.

4° Les maires de Plouharnel.

1793. Etienne Le Port.
1802. Erdeven.
1814. Le Chevalier Rohu.
1826. Le Diot.
1843. Grégoire Le Bail.
1856. Marc Pessel.
1860. Joseph Jégo.
1874. Marc Pessel.
1881. Jean-Louis Le Bideau.
1883. Jean-Marie Guillarme.
1888. Jean-Marie Le Bideau.

Remarque.

De 1594 à 1630 il y avait à Plouharnel deux métairies nobles, celle de Kloguin et celle de Kgonan. Cette dernière appartenait aux seigneurs Morice Pérénès, sieur de Kgonan, Pierre Le Priolic et Mathieu Brient, sieur de Kzivien.

Il y a au bourg deux lechs du moyen âge, l'un au sud de la sacristie, l'autre au nord de la grande route de Carnac. Celui-ci est orné et surmonté du signe de la croix.

La grande route d'Auray à Quibéron a été faite en 1847 ; celle de Plouharnel à Carnac et à Erdeven, vers 1849 ; celle du bourg à Sainte-Barbe, en 1889 ; celle du bourg à Kroch, en 1884; la voie du chemin de fer d'Auray à Quibéron avec station à Plouharnel, en 1882.

En 1840, M. le recteur Sagot établit une école libre de garçons qu'il confia au Frère Jean, de la congrégation de l'Instruction chrétienne de Ploërmel. Hommage ici à ces bons religieux qui représentent si bien le dévouement chrétien à notre époque !

La tour et les deux bas côtés de l'église paroissiale ont été construits de 1845 à 1848 ; la mairie en 1852 ; le nouveau cimetière en 1864 ; l'école des sœurs en 1874 ; l'école laïque en 1884 ; l'école libre des Frères en 1889.

La falaise de Quibéron a été ensemencée de sapins pour la première fois en 1855. Cette plage est devenue célèbre par l'expédition de Quibéron de 1795. C'est là que l'armée républicaine écrasa l'armée royale ; c'est là que la noblesse française versa son sang le plus pur sous le feu du général Hoche.

L'estuaire du Bégo, ancien étang du moulin de ce nom, a été vendu et livré à la culture en 1857 ; le Stér en 1888.

La principale ressource des habitants de Plouharnel est l'agriculture. Le goémon et les varechs de la côte servent à amender les terres. Celles-ci produisent le froment, l'avoine, l'orge, le mil, la pomme de terre et toute espèce de fourrages. Ils cultivent, en outre, les ognons qu'ils échangent contre du seigle, de l'avoine et du blé noir. C'est la fortune du pays.

CHAPITRE XIII.

LES COLLET DE CARNAC.

Les registres paroissiaux de la mairie de Carnac remontent à 1630, les doubles qui sont au tribunal civil de Lorient, à 1625, ceux de la Trinité à 1864.

Il est essentiel de distinguer les Collet de Carnac de ceux de Plouharnel, pour ne pas les confondre les uns avec les autres. Les premiers descendent de plusieurs branches dont il est impossible au début de dresser la généalogie, à cause des nombreuses lacunes que présentent les registres; les autres descendent à l'origine d'une seule branche. Il n'y a d'ailleurs aucune espèce de parenté entre les Collet de Carnac et ceux de Plouharnel.

LISTE GÉNÉRALE DES COLLET DE CARNAC AU XVIIe SIÈCLE.

1600-1614. Pierre Collet, recteur de Carnac.

    1625. Décès d'Olivette Collet, adulte.

    1628. Décès de Louise Collet, adulte.

    1630. Décès de Péchart Collet, adulte.

    1630. Décès, le 15 mai, de Mathieu Collet, qui fut inhumé dans l'église de Saint-Corneille.

    1634. Décès de Julienne Collet, de Kgrim, adulte.

    1636. Décès de Guillemette Collet, de Beaumer, adulte.

    1636. Décès de Phibrine Collet, de Kgrim, adulte.

Vers 1634. Mariage de Grégoire Collet et de Julienne Coriton. Leur fille Allonnette Collet, naquit en 1634. Parrain et marraine Vincent Le Mouroux et Allonnette Le Goudineau.

    1634. Baptême de Françoise Collo, qui mourut au Moustoir en 1704, à 70 ans.

Vers 1635. Mariage de Morice Collet et de Thomase Le
Glouahec. Leur fils Bertrand Collet, naquit en
1635, et leur fille Jeanne Collet, en 1644. Les
parrains et marraines furent Bertrand Le
Dantec et Jeanne Guilloto, Jean Le Maistre
de Couëtcougam, prêtre approuvé de Bor-
deaux, et Jeanne Collet de Couëtcougam.

Vers 1634. Mariage de Julienne Collet et de Julien Cailloce.

Vers 1634. Mariage de Bertrande Collet et de Guillaume
Genello.

En 1635. Mariage de Jeanne Collet, et de François Le
Glouahec, de Couëtcougam. Le 3 juin 1638,
elle fut marraine, et missire Jean Le Maistre
de Couëtcougam parrain, d'une fille d'Audran
et Nicolle Guillevin, du Cosquer, en Plouharnel (1).

1635. Mariage de Sébastienne Collet et de..........
Perrine Collet, fut marraine en 1635, 1642, 1643;
en 1660, elle était mariée à Yves Guilloto.

De 1640 à 1650. Baptême d'Ambroise Collet, qui se maria
à Julienne Pany. Leur fils, Olivier Collet,
naquit en 1669.

De 1630 à 1638. Baptême de Bertrande Collet, qui se maria,
vers 1658, à Jean Hurtaut. Elle fut marraine
de Mathieu Pasco, à Plouharnel, le 19 juin
1645.

Vers 1655. Baptême de Jean Collet, mort à Beaumer en
1707.

En 1654. Baptême de Marguerite Collet, morte à Beaumer
en 1704, à 50 ans.

En 1670. Baptême de Marguerite Collet, qui se maria, vers
1715, à Charles Plémer, et qui mourut en
1720.

---

(1) Y avait-il quelque parenté entre les Collet du bourg de Plouharnel et ceux
de Couëtcougam ? On pourrait le présumer. En effet, cette Jeanne Collet, qui fut
marraine d'Olivier Collet en 1643 pourrait bien être la même que Jeanne Collet de
Couëtcougam, mariée à François Le Glouahec. De plus, la fondation de missire
François Collet était sise sur les terres de Couëtcougam. La chapelle de Kmalvezin,
où il dit la messe de mariage deux fois en 1672, était tout près de ce village.

Vers 1674. Mariage de Jeanne Collo et d'Etienne Le Rouzic.

En 1672. Mariage de Jean Collo et de Marie Gouzerh. Il mourut à Klan en 1699.

En 1699. Baptême d'Yvonne Collo, fille de Pierre Collo et de Sébastienne Gouzerh, de Klan.

En 1684. Baptême de Vincente Collo, fille de Jean Collo et de Marie Simon. Ce Jean Collo mourut à Saint-Colomban en 1699, âgé de 50 ans.

En 1699. Mariage de Pierre Collo et de Marie Bernard, de Saint-Colomban.

En 1684. Mariage de Maurice Collet et d'Anne Ezano.

Vers 1684. Mariage de Françoise Collet et de Vincent Le Bagousse.

En 1693. Décès de François Collet, de Kbéan, adulte.

Vers 1698. Mariage de Marguerite Collet et de Jean Hurtaut, de Kbéan.

Vers 1699. Mariage de Pierre Collet et de Jeanne Hurtaut, de Kbéan.

En 1706. Mariage de Julienne Collet et de François Le Glouahec.

CHAPITRE XIV.

Liste particulière des COLLET de Carnac au XVIIIe et au XIXe siècle, ou généalogie de la famille COLLET de la Trinité-Kerino-Kerbéan, qui n'a aucune espèce de parenté avec les COLLET de Plouharnel.

SECTION I.

NAISSANCES : 9.

MARIAGE.

PIERRE COLLET,

Marié en 1res noces à JEANNE HURTAUT, vers 1699, dont il eut 8 enfants; et en 2es noces, en 1738, à YVONNE DANIC, dont il eut un fils, le 9e de ses enfants.

Il était laboureur à Ķbéan.

Remarque. — Les Collet de Ķbéan étaient parents de ceux de Beaumer, car Jean Collet, de Beaumer, assista, en 1693, au convoi de François Collet, de Ķbéan, en 1684, au mariage de Françoise Collet et de Vincent Le Bagousse, de Ķbéan, en 1669, au baptême d'Olivier Collet, fils d'Ambroise Collet et de Julienne Pany, qui devaient être aussi de Ķbéan. Il est donc probable que les Collet de Ķbéan descendaient par Pierre Collet, Ambroise Collet, de Grégoire Collet, qui était marié à Julienne Coriton, et qui devait demeurer à Beaumer.

1° 1699, baptême de Françoise Collet, qui se maria à Corneille Danic, en 1723.

2° 1701, baptême de Barnabé Collet, mort à Ķbéan, en 1710.

3° 1707, baptême de Jean Collet, qui se maria en 1726, à 19 ans, à Jeanne Le Bail, au village de Ķbéan, et qui mourut à Kerino, en 1745.

4° 1709, baptême de Marguerite Collet, morte à 9 ans, à Ķbéan, en 1718.

5° 1712, baptême d'Yvonne Collet, qui se maria, en 1732, à Mathurin Le Mouroux, et qui mourut à Ķlescant, en 1744.

6° 1714, baptême de François Collet, qui se maria, en 1736, à Sébatienne Le Port, de Ķbéan. Il y mourut en 1744, âgé de 30 ans. Il était laboureur-matelot. Il eut 4 filles de ce mariage : Yvonne Collet, en 1738; Jeanne Collet, qui naquit et mourut en 1742; Jeanne Collet, en 1743, qui se maria en 1765, à 22 ans, à François-Mary de Ķlescant; en 1740, Marie-Hélène Collet, qui se maria, en 1763, à Pierre Plumer.

5

7º 1717, baptême de Jean Collet, mort à 4 ans, en 1721.

8º 1720, baptême de Pierre Collet, mort en 1734, à 14 ans.

9º 1738, baptême de François Collet, à Kbéan.

SECTION II.

Naissances : 7.

MARIAGE.

Jean **COLLET**
et Jeanne **LE BAIL.**

Naissance à Kbéan, en 1707.
Mariage à Kbéan, en 1726, à 19 ans. Décès à Kino, en 1745, à 38 ans.

1º 1727, baptême de Yvonne Collet, à Kbéan.

2º 1730, baptême de Pierre Collet, qui se maria à Anne Morvan, à Kino.

3º 1732, baptême de Mathieu Collet, de Kbéan.

4º 1733, baptême de Jean Collet, de Kbéan, qui se maria à Louise Guillotto à la Trinité ou Locqueltas, en 1759.

5º 1735, baptême de François Collet.

6º 1737, baptême de Barnabé Collet, qui mourut. à 7 ans, en 1744.

7º 1742, baptême de Corneille Collet, né à Kino, où il mourut en 1747.

SECTION III.

Naissances : 4.

MARIAGE.

Pierre **COLLET**
et Anne **MORVAN.**

Il naquit en 1730, à Kbéan. Il se maria, à 26 ans, à Kino, en 1756.

1º 1756, décès d'un anonyme Collet, à Kino.

2º 1761, décès d'anonyme Collet, à Kino.

3º 1763, baptême de Jean-Marie Collet, qui se maria à Kerino, à Anne Le Glouahec. Il y mourut à 88 ans.

4º 1767, baptême de Jacques Collet, à Kino.

SECTION IV.

NAISSANCES : 12.

MARIAGE

JEAN-MARIE **COLLET**

et

ANNE **LE GLOUAHEC**,

de Ķino.

1º, 2º le 26 août 1786, baptême de deux jumeaux, Mathurin Collet, marin, qui se maria à Félicité Burguin, à la Trinité, et baptême de Jean-Marie Collet, marin, qui se maria à Marie-Fidèle Le Port. Celui-ci eut un fils, Jean-Marie Collet, armurier-serrurier à Auray, où il se maria et où il mourut sans postérité.

3º 1788, baptême de Marie-Jeanne Collet, de Ķino.

4º et 5º le 21 novembre 1790, baptême de deux jumeaux, François et Jeanne Collet, de Ķino.

6º 1792, baptême de Isabelle Collet, de Ķino.

7º 1793, baptême de Marie-Vincente Collet.

8º 1797, baptême de Marie-Louise Collet.

9º 1799, baptême de Corneille Collet.

10º 1800, baptême de Grégoire Collet, laboureur, qui se maria vers 1828, à Marie-Sainte Quellec, et qui mourut à Ķino, le 2 avril 1888. Il eut 3 enfants : Gildas, mort à 8 ans, Jeanne-Marie et Tréphine Collet. La première se maria à François-Marie Le Bail.

11º 1804, baptême de Pierre-Marie Collet, de Ķino.

12º 1808, baptême de Gildas Collet, décédé en 1816, à Ķino.

SECTION V.

Naissances : 3.

MARIAGE.

Mathurin **COLLET**
et
Félicité **BURGUIN**,

au bourg de la Trinité.

Il naquit à Kino, le 26 août 1786. Il se maria à la Trinité vers 1824. Il mourut le 22 décembre 1873, à 87 ans.

Il était marin de profession.

MARIAGE.

Grégoire-Marie
COLLET, marin,
et Jeanne-Marie **QUILAI**,
au bourg de la Trinité.

Remarque.

Cette branche de Collet a demeuré successivement à Kbéan, à Kino et à la Trinité ; elle compte 7 générations connues.

1° 1824, baptême de Marie-Jeanne Collet, de la Trinité.

2° 1824, baptême de Grégoire-Marie Collet, qui se maria à la Trinité, à Marie-Jeanne Quilai.

3° Le 19 mai 1833, baptême de Mathurin Collet, de la Trinité.

SECTION VI.

Naissances : 7.

1° Le 8 octobre 1866, baptême de Grégoire-Marie Collet, marin, noyé à Paimbœuf le 12 avril 1880, âgé de 14 ans.

2° Le 10 octobre 1868, baptême de François-Marie Collet.

3° Le 8 novembre 1870, baptême de Jean-Marie Collet, né à la Trinité.

4° Le 5 mars 1873, baptême de Joseph-Marie Collet, marin, né à la Trinité.

5° Le 11 janvier 1875, baptême de Marie-Vincente Collet, née à la Trinité.

6° Le 20 mai 1877, baptême de Jeanne-Louise Collet.

7° Vers 1879, baptême de Alexina-Maria Collet, née à la Trinité.

CHAPITRE XV.

BRANCHE ÉTEINTE DE LA TRINITÉ-KERBÉAN (1).

SECTION I.

NAISSANCES : 5.

MARIAGE.

JEAN **COLLET**
et LOUISE **GUILLOTO.**

Il naquit à Kbéan en 1733. Il se maria à la Trinité vers 1757. Il était maître de chasse-marée.

1º En 1757, baptême d'un anonyme Collet.

2º 1765, baptême de Marie Collet, qui se maria à Henri-Joseph Le Goff.

3º 1767, baptême de Charles Collet, qui se maria à Barbe Le Goff, à La Trinité.

4º 1770, baptême de Mathurin Collet.

5º 1773, baptême de Jean Collet.

SECTION II.

NAISSANCES : 5.

MARIAGE.

CHARLES **COLLET**
et BARBE **LE GOFF.**

Il naquit en 1767.

Il devint matelot et se maria à la Trinité, en 1792, à 25 ans.

1º et 2º 1796, baptême de deux jumelles Marie-Louise Collet et Marie-Julienne Collet.

3º 1798, baptême de Anna-Jeanne Collet.

4º 1800, baptême de Jean Collet.

5º 1803, baptême de Marie-Françoise Collet.

(1) Voir la branche de la Trinité-Kino, chapitre XIV, section 2, Nº 4.

SUPPLÉMENT.

CHAPITRE XVI.

MAMMIFÈRES.

Noms français et bretons de la plupart des mammifères de France.

L'aurochs,	
L'âne,	en azenn.
La belette,	er garel.
Le bison,	
Le blaireau,	er barboutenne, broc'h.
Le bœuf,	en œjon.
Le bouquetin,	
Le campagnol,	er rah deur.
Le chat,	er hah.
La chauve-souris,	logodenn pen dal.
Le chamois,	
Le cheval,	er jo.
Le chevreuil,	er yourch.
La chèvre,	en gavre.
Le chien,	er hi.
Le cerf,	er garf.
Le cochon,	en hoh.
Le daim,	
L'écureuil,	er guyber.
L'élan,	
La fouine,	er fouin.

Le furet,	er furette.
Le hamster,	
L'hermine,	en erminiq.
Le hérisson,	en hérisson.
Le lapin,	er gounifle.
Le lièvre,	er gad.
Le loir,	er lyr, hunegan.
Le loup,	er bley.
La loutre,	er hi deur.
La marmotte,	
La marte,	er maltre.
La musaraigne,	er mélotenne, minouch.
Le marsouin,	er morhoh.
Le mouton,	en devedenne.
Le mulet,	er mule.
L'ours,	en ourse.
Le putois,	er pudask.
Le rat,	er rah.
Le renard,	er luherne.
Le sanglier,	en hoh gouiw.
La souris,	er logodenn.
La taupe,	er hou.

CHAPITRE XVII.

NOMS DES ARBRES.

Noms français et bretons de quelques arbres de France et de l'étranger.

L'abricotier,	couët abricot.
L'acacia, le robinier,	couët acacias.
L'alisier,	couët hili.
L'avelinier,	queneu couët.
L'amandier,	couët amande.
L'aubépine,	spern guen.
L'aulne,	couët guern.
L'azerolier,	
Le bouleau,	couët bièhue, biahue.
La bourdaine,	couët invou, inhou, invo.
Le buis,	couët bouise.
Le baguenaudier,	
Le charme,	couët charmeille.
Le câprier,	
Le châtaignier,	couët quisténe.
Le chêne vert, le chêne-liège, l'yeuse,	couët spouihe.
Le chêne,	couët derf, derve.
Le cerisier,	couët quirise.
Le cognassier,	couët cognasse.
Le cormier ou sorbier,	
Le cèdre,	
Le cotonnier,	
Le cornouiller,	
Le coudrier ou noisetier,	queneu garh.
Le cytise faux-ébénier,	
Le cyprès,	
Bois de croix,	couët crouez.

Le dattier, l'érable, le févier,	
Le figuier,	couët feguése.
Le frêne,	couët oulom guen.
Le fusain ou clairet,	couët grouahe.
Le gaïac,	couët gaïac.
Le genévrier,	
Le hêtre,	couët fahue.
Le houx,	couët calène.
L'if,	couët irvaigne.
Le jujubier,	
Le laurier,	couët loré.
Le lilas,	couët lilas.
Le marronnier,	quisténe spagn.
Le mérisier,	quirise garh, quirise du.
Le mûrier,	couët moyar.
Le mélèse, le néflier, le négundo,	
Le noyer,	couët queneu.
L'olivier,	couët olive.
L'orme,	oulom du.
L'obier,	
L'oranger,	couët orange.
L'osier,	couët auzeille.
Le palissandre,	
Le pêcher,	couët pêche.
Le pommier,	couët aval.
Le poirier,	couët pir.
Le prunier,	couët prune.
Le prunellier,	spern du, couët guerigne.
Le palmier,	couët palme.
Le platane,	
Le pin,	sapign nord.
Le pistachier,	
Le peuplier et le tremble,	couët créne.
Le rhododendron,	
Le sapin,	sapign.
Le saule,	couët halec.
Le sureau,	couët scahue, scave.
Le sycomore,	
Le térébinthe,	

Le thuya,
Le tilleul,   couët tyole.
Le tamarinier,
La vigne,   couët recigne.
L'yble,
L'aloès, le bananier,
Le bambou et le roseau,   scorze.
Le cactus, le caroubier, le dahlia,

Arbrisseaux fruitiers.

Le cassis,   cassis.
Le castillier,   castelle.
Le framboisier,   framboise.
Le groseillier,   plunegead.
La ronce,   draïss.

Plantes grimpantes.

Le lierre,   deliaf rid.
Le chèvrefeuille,   guevouid.

Plante parasite.

Le gui,   barr hihuil.

Plantes épineuses.

L'églantier,   er langroézenne.
La rose,   er rozenne.
La lande,   lanne.

Plante touffue.

Le genêt,   belanne.

Céréales de France.

L'avoine,   querhe.
L'épeautre,   gunèh ru-du, gunèh mané.
Le froment,   gunèh.
Le maïs,   mel Spagn.

Le mil,	méll.
Le millet,	méll pegn.
L'orge,	haye.
Le panis, le sorgho,	méll panis, méll sorgho.
Le riz,	riz.
Le sarrasin ou blé noir,	gunèh du.
Le seigle,	segal.

Remarque. — Il y a à Plœmel une plante marécageuse tellement rare qu'on ne la trouve nulle part ailleurs : c'est l'*Eryngium viviparum* des botanistes, en breton *er Luidigue*, la cendrée, qui fleurit au mois d'août au lit des eaux courantes et des mares desséchées. Les touristes viennent la cueillir en été au midi de Saint-Laurent, de Sauveur et près de la fontaine de la Fosse, en Carnac. On attribue la découverte de cette herbe à M. Hémon, docteur en médecine, qui mourut à Auray en 1848. Elle n'a rien d'intéressant, si ce n'est sous le rapport botanique ; on s'en sert quelquefois pour couper la fièvre.

ADDENDA AU CHAPITRE XII.

Page 50, ligne 7, après les mots « qui forment l'isthme actuel de la presqu'île » il faut lire : Ce détroit a dû se combler à une époque relativement récente, car on ne trouve sur la falaise aucune trace du séjour des Celtes, des Gaulois et des Romains.

SOUVENIR HISTORIQUE

DE

L'ANCIENNE FORÊT DE QUIBÉRON.

Dom Morice raconte le trait suivant dans ses preuves de l'histoire de Bretagne (t. Ier, p. 378) : Hoël V, comte de Cornouailles et duc de Bretagne, de 1066 à 1084, voyant, un jour, sur un autel de la cathédrale de Quimper, un manuscrit dont les feuillets décousus couraient tristement les uns après les autres, se sentit navré de pitié pour la détresse de ce pauvre volume, et donna au chapitre de cette église, pour faire relier ses livres, toutes les peaux des cerfs qui seraient pris dans sa forêt de Quibéron ; car Quibéron, où il n'y a pas deux arbres aujourd'hui, si ce n'est quelques figuiers, en était alors couvert.

L'archéologie est venue confirmer la réalité de ce récit. En 1868, M. Le Floch, meunier du bourg de Locmaria, trouva à Port-Kerné, en creusant les fondations d'un nouveau moulin, à deux mètres sous le sable, trois ou quatre andouillers de cerf, et des racines de chêne encore en place dans le terrain où elles s'étaient développées. Celles-ci, par suite d'un trop long séjour dans un sol humide, avaient pris une teinte noirâtre absolument semblable à celle du bois fossile de la forêt sous-marine des marais du Mont-Dol, en Bretagne. Ayant eu la bonne fortune de posséder un morceau de ce bois séculaire, j'en ai fait hommage au musée archéologique de Vannes, où il figurait sous le numéro 370 (à la tour du Connétable).

Quant aux bois de cerf, je les ai vus exposés longtemps au salon de M. Yvon, vicaire de Locmaria, qui en fit hommage à M. Pédrono, médecin à Lorient. Celui-ci possède encore un fragment de ce précieux bois historique.

Plœmel, le 24 juin 1889, fête de saint Jean-Baptiste, patron de l'auteur.

TABLE DES MATIÈRES.

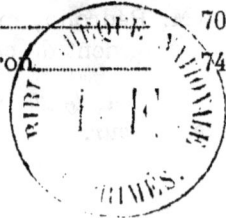